拾

中華武術大觀

图书在版编目(CIP)数据

王树田专辑:八卦连环掌、八卦龙形剑、对擒拿/王树田编著.
—武汉:湖北科学技术出版社,2016.4
(中华武术大观)
ISBN 978-7-5352-8593-5

Ⅰ.①王… Ⅱ.①王… Ⅲ.①八卦掌—基本知识—中国
②剑术(武术)—基本知识—中国 ③擒拿方法(体育)—基本知识—中国 Ⅳ.①G852.16 ②G852.24 ③G852.4

中国版本图书馆 CIP 数据核字(2016)第 072845 号

责任编辑:谭学军 徐 竹 封面设计:胡 博

出版发行:湖北科学技术出版社 电话:027—87679468
地 址:武汉市雄楚大街 268 号 邮编:430070
(湖北出版文化城 B 座 13—14 层)
网 址:http://www.hbstp.com.cn

印 刷:随州大同文化有限公司 邮编:441300

787×1092 1/16 7 印张 4 插页 104 千字
2016 年 7 月第 1 版 2016 年 7 月第 1 次印刷
定价:35.00 元

王樹田

八卦連環掌
八卦龍形劍
對擒拿
專輯

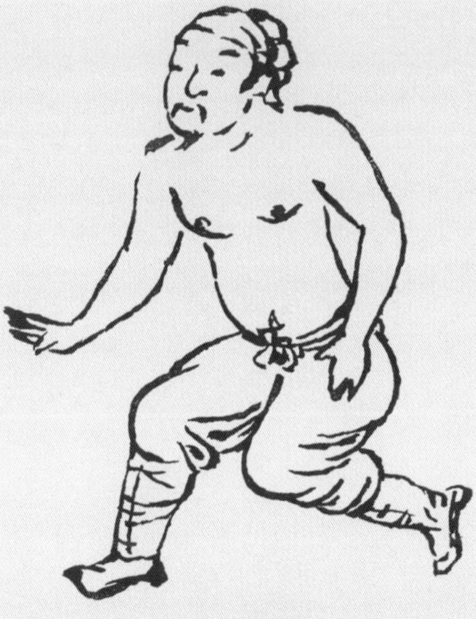

長江出版傳媒
湖北科学技术出版社
南粵出版社

責任編輯　李愼謙　董　阳
執行編輯　李愼謙
封面設計　秦滋宣　洪清淇
責任校對　蒋　静
印刷監製　蘇江洪
插　　圖　吴金顺

書　　名　**王树田専輯・八卦连环掌、八卦龙形劍、对擒拿**
（中華武術大觀・拾）
編 著 者　王树田　石嘉茵　邹德发
整　　理　王玉英　安　娜　林中勇
聯合出版　湖北科學技術出版社
中國湖北省武漢市東亭路 2 號
HUBEI SCIENCE AND TECHNOLOGY PRESS
2 Dong Ting Road, Wuhan, Hubei, China
南粤出版社
香港域多利皇后街十號 **801** 室
SOUTH CHINA PRESS
Rm. 801, 10 Queen Victoria Street, Hongkong
發　　行　新華書店湖北發行所經銷
印　　刷　湖北省新華印刷廠
版　　次　1994 年 12 月武漢第 1 版　1994 年 12 月第 1 次印刷
印　　数　1—5000
規　　格　16 開（185×260mm）8.75 印張　4 插頁
國際書號　ISBN 7－5352－1623－4/G・465
定　　價　9.80 圓

1

2

3

4

5

6

7

8

9

1. 王樹田在辨公室

2. 王樹田與石嘉茵（左）鄒德發在一起

3、4. 王樹田在演練八卦連環掌

5. 王樹田與鄒德發在進行對擒拿練習

6、7. 王樹田在演練八卦龍形劍

8. 王樹田在指導學生習刀

9. 王樹田的部分獎品獎章

10. 王樹田在書庫查資料

10

總　序

中華民族，歷來文武并重，“乃武乃文”（《書·大禹謨》）。最初建立國家，都是以武來完成的。周武王於牧野誓師，號令：“稱爾戈，比爾干，立爾矛。”滅掉暴君商紂，立即“歸馬於華山之陽，放牛於桃林之野”。（《書·武成》）春秋宣公十二年，楚敗晉師於邲，楚子明確地指出：“夫文，止戈爲武。”接着進一步指出：“夫武，禁暴、戢兵、保大、定功、安民、和衆、豐財者也。”也就是“武有七德”的説法。武，不可一日廢，但决不提倡“耀武觀兵”。

古代教學，也是文武并重。《周禮·地官司徒·保氏》：“保氏掌諫王惡；而養國子以道，乃教之六藝。”其中“射”與“御”，即着眼於培育國防人才。《文獻通考·選舉考·武舉》：“漢興，六郡良家子，選給羽林期門，以材力爲官，名將多出焉。”《事物紀原·學校貢舉部·武舉》：“《唐會要》曰：‘長安三年正月十七日，詔天下諸州，宣教武藝，每年準明經進士，貢舉例送，此武舉之始也。’”漢、唐以後，歷代相沿。雖有起落，并未中止。

當然，今天的武術運動，只是整個體育事業中的一個組成部分。由於時代的推移，它的作用，應當賦予新的内容。在增强全民體質、提高世界武術運動水平的前提下，挖掘整理傳統套路和鍛煉方法；研討修身養性、攻防技擊等有效成果，以之公諸同好，作他山之助。

本叢書基於上述目的，分輯陸續出版。舉凡各門派有代表性之拳、械具鮮明特色者，兼收并蓄，百花齊放，四海一家，無分軒輊。

“天行健，君子以自强不息。”願八方風動，我武維揚。

《中華武術大觀》編委會

目　　録

自　序

武術是我國特有的傳統體育項目，是中華民族文化遺產中的瑰麗珍寶。它既有健身作用，又具備技擊性能；還由於它內容豐富，形式多樣，對活躍文化生活有重要意義；同時，因演練時所需場地、器材簡便，不受年齡、性別的限制，因而爲廣大群衆所喜愛，歷數千年而不衰。特別是近幾十年，武術成爲最廣泛最普及的運動項目之一，得到了蓬勃而健康的發展，對增强人民體質，振奮民族精神，起着愈來愈大的作用。武術已流行於世界，爲世界各國人民所喜愛。

本人習武已有 65 個春秋。1950 年至今在成都體育學院從事武術教學工作，才真正將自己擅長貢獻給國家和廣大群衆，同時受到國家的重視和人們的尊敬，并多次受到國家體委的獎勵，倍感榮幸。

幾十年來，本人爲了爲武術事業多作貢獻，除了直接參加比賽，從事武術教學訓練、裁判工作外，曾多次與人合作將自己所練的項目整理成文，發表於各種武術雜誌上，供武術愛好者學習參考。這其中有多次在全國比賽中獲獎的《八卦散手刀》《形意對打》等，還有供初學者學習的《梅花劍》等，皆深受讀者歡迎。

在研究、教學實踐中，本人對八卦掌拳系的套路算是特別喜愛了。早在 1928 年我在南京中央國術館學習了八卦掌的單换掌、雙换掌、順勢掌、背身掌、轉身掌、磨身掌、雙抱掌、翻身掌這基本八掌。在實踐中根據這八掌再結合其他掌法創編了“八卦連環掌”套路。幾十年來又與同道一起切磋，取長補短，去粗取精，集思廣益，并在多年的表演、比賽、教學中不斷豐富其內容，提高其技能，使得現在的“八卦連環掌”自成一體。

在八卦連環掌演練的基礎上，又保留八卦連環掌的風格特點，并結合劍術的劍法、擊法，突出劍鋒舞動如游龍之行的風格，創編了八卦龍形劍的劍術套路。八卦劍又有長劍、長穗劍、短穗劍之分。我將八卦龍形劍的劍换成了一般武術用劍，且用短穗，減輕了劍的重量，練起來便於發揮劍的技法，也更具廣泛性。

這兩套均屬八卦掌拳係單練套路。本人曾多次表演過這兩套路，受到了廣大觀衆歡迎，并作爲體院教學，訓練教材進行教學。

我院已故著名武術家、教授鄭懷賢同志，既是骨科專家，也是武術界知名人士，曾擔任中國武術協會主席。我不僅在教學上與鄭老共同研討，開展教學工作，而且受教於鄭老的技藝。近年來多次與我院武術副教授鄒德發演練的對擒拿對練套路即是鄭老所授，并與鄭老配合演練多年。由於多次合作演練，相互切磋，不斷探討，不斷提高，技藝精湛，而保留至今。

今天，武術的風采已展示於世界，武術這個名詞不僅屬於中國，而是具有時代特色和國際特色的專用名詞。我慶幸能爲各國人民的健康養生和修身養性服務。能爲廣大讀者奉上我的一片真情。還望武林同道、讀者們批評指正。

王樹田

1991 年 4 月於中國成都

前　　言

王樹田先生，河北新城縣人，生於 1918 年 5 月 16 日。八歲習武，1927 年到上海學武會習武，1928 年考入南京中央國術館第一期教授班習武。與朱國福、高振東、王子平、朱國楨、馬英圖有師生之誼。

1932 年在湖南長沙擔任國術館兒童班教學工作；1936 年在湖南第四路軍軍事訓練處技術研究班高級組任學員；1950 年到成都體育學院從事武術教學工作。

王樹田先生會八極拳、查拳、形意拳、摔跤、劈刺等數種技藝，尤其擅長八卦連環掌、八卦散手刀等八卦門器械、對打，其功夫純正。1953 年 11 月作爲西南代表團的成員參加了全國第一屆民族體育形式表演及競賽大會，并以八卦散手刀、查拳獲優秀獎。并到北京中南海懷仁堂爲中央領導彙報表演，受到周恩來、朱德、賀龍等老一輩革命家好評。以後曾多次參加全國比賽，均獲得很好的成績。在 1979 年廣西壯族自治區南寧舉行的全國武術觀摩交流大會上，與他的學生配對表演了形意對打，并獲優秀獎。

王樹田副教授於 1960 年與鄭懷賢教授一起主持全院武術教學工作。曾擔任武術教研室主任，直至退休。幾十年來的教學訓練工作培養了大批武術教師、教練員和武術工作者。

王樹田先生在 1959 年受國家體委之托，參加了甲組規定套路的創編工作。四十多年來利用教學之餘與人合作整理了自己創編的《六路彈腿》《八卦散手刀》《八極拳》《六合通臂》《梅花劍》《形意對打》等武術拳械套路的文章，先後發表於《成都體院學報》《中華武術》《武術健身》等雜誌上。

王樹田先生還是武術國家級裁判員、摔跤一級裁判員。多次擔任全國、省、市武術比賽、摔跤比賽的總裁判長、裁判長、仲裁委員等工作，爲我國武術運動發展作出了貢獻。他還於 1982 年 12 月 5 日至 11 日在北京參加了全國武術工作會議；1985 年榮獲國家體委頒發的“中國體育開拓者獎”；1988 年國際武術節獲“武術貢獻獎”。

王樹田先生是全國武術協會委員、四川省武術協會副主席、成都市武術協會主席。1985 年退休後創建了四川省峨嵋功夫館并任館長。

王樹田先生少年習武至今六十多年，從未間斷武術的研究和教學。這三套拳、械和對練又算是王老幾十年練武的結晶，現整理出來奉獻廣大讀者。

石嘉茵

一　八卦連環掌

八卦連環掌淺説

八卦掌是武術中的一個拳種。原名“轉掌”，以其運動特徵爲繞圓走轉而名。這個拳種經過“集成拳術，復安易理，定八卦，合五行”的萌發整理，鑒於該拳的圓圈正經過八卦的八個方位，又以人體各部比諸八卦以立名，借易理來説明拳理。於是，以八卦命名於拳術，謂之“八卦掌”。

八卦之説，起源甚古，相傳伏羲氏觀察天地之象和鳥獸之紋而創八卦。八卦中的陰爻和陽爻構成圖畫文字或記録奇數和偶數。八卦圖内的乾、坤、坎、離、震、艮、巽、兑是奇數偶數的組合，是古代陰陽相生相剋變化規律的總結。《周易》一書中對八卦生剋原理進行了系統的論述，這些論述直接影響我國醫學、數學的研究，也爲卜卦算命者所利用。到了明清兩代，我國武術家運用八卦圖中的符號及其變化規律創編成繞圓走轉變化的各種拳術。這種拳術以每一卦産生一種掌法，名爲母掌，而每一掌法又可兩側習之，故一掌變兩掌，兩掌變四掌，四掌變八掌，八八六十四掌。傳統八卦掌基本掌法，有尹福的八母掌，即單换掌、雙换掌、轉身掌、翻身掌、三穿掌、背身掌、雙撞掌、摇身掌；有程華廷的八母掌，即單换掌、雙换掌、順勢掌、背身掌、翻身掌、三穿掌、回身掌。而此套“八卦連環掌”的八掌是單换掌、雙换掌、順勢掌、背身掌、轉身掌、磨身掌、雙抱掌、翻身掌。

上述幾種八卦母掌在運動時均要求左右變化，方位縱横，加以走轉繞圓環成九宫八卦圖，形成“行走如流水，翻轉如龍形”“柔中寓剛”“飄而不浮”“勁柔滑而完整”的風格。

八卦連環掌的特點

八卦連環掌以走圈練架爲主，用力練勁，尤講虛實相生，剛柔相濟。是不言戰而實爲戰的拳種。

其運動特點是：動作瀟灑，身捷步靈，勢勢相連；行步平穩，擺扣清楚；縱橫交錯，協調圓活；勁力沉實，剛柔相間；精神集中，氣勢完整。它以屈膝半蹲弧行走轉變換各種掌法爲主要運動形式。

其本掌法以"穿、挑、劈、撩、撞、切、提、插"八法爲主，還有"抱、雲、抽、拔、掏、探、背伸掌、掄臂"等。眼法講目定神寧；身法要求體正貌柔，要做到頭頂、頸豎、肩鬆、背緊、胸空、腹實、腰塌、臀收、裹襠，運動時主宰於腰，講究：擰、旋、轉、翻、圓活不滯。八卦掌多於行走變換方向，上伸下縮，左右旋轉，前探後坐。注重陰陽虛實，剛柔動靜的轉化，尤尚"變"尚"巧"。

主要步法有趟泥步、擺扣步、弧形步、圓形步、S形步等。主要步型有半馬步、仆步、虛實步（麒麟步）、弓步和馬步。腿法有踢腿、點腿、頂膝和掛腿。

八卦連環掌還講練氣、運氣，要求氣沉丹田，以呼吸爲推動，以姿勢爲導引，以走練氣運力。有云："腹乃氣根，氣似雲行，意動氣慧，氣行百孔"。還有歌訣曰："胸期空兮氣領沉，背緊肩垂臂前伸；氣到丹田縮谷道，真拔顛頂貫精神；吻唇閉口舌抵腭，呼吸全從鼻功夫；力用極時哼哈泄，混元一氣此爲得"。

此外，八卦連環掌還講究練"意"。"意動生慧，神氣意力，合一集中"。又曰："眼到手到腰腿到，心真神真力又真，三真四到合一處，除己有餘能制人"。

八卦連環掌基本功

八卦連環掌能有效地提高演練者的速度、耐力、柔韌靈活性及靈敏度，對下肢力量的培養猶爲突出，對大腦前庭分析器有明顯效用；還能錘煉意志。練八卦連環掌必須先掌握以下基本功：

站樁：站樁是保持静站姿勢，進行以意領氣，以氣運身鍛練的一種外静内動的内功練習方法。同時也發展了下肢力量。站樁鍛練中獲得的感覺能在大腦皮層形成一定的條件反射通路，即静站姿勢的動力定型。能保證一定的樁勢在急速變化的套路動作中不變形。也保证了八卦連環掌練習時的各種步型的正確性。因此，站樁時一般以八卦掌套路中的半馬步、虚步、馬步、弓步、丁步及提膝等等進行站樁的步架，作爲一種鍛練形式。

走步：這是八卦連環掌（包括器械）的專門基本功。通過走步練習可以獲得必要的力量素質（下肢）、速度素質以及身法，以保證學練動作時肢體屈伸到位，且不吃力；還可以提高對八卦連環掌套路運動的基本特徵的認識。

八卦掌以擺扣步和趟泥步爲其基本步法。移動脚的脚掌外擺落地，脚尖朝體外側爲擺步；移動脚的脚掌内扣落地，脚尖朝體内側爲扣步。趟泥步即是似在泥水中趟行之步。練習時要求：一是身體要保持一定姿勢，即身正、頭正、頸直、肩沉、含胸、直腰、實腹、斂臀、收胯；二是要快，且快中求穩，脚掌平平提起，平平落地，使身法表現出起伏、俯仰、旋轉、擰裹、屈收、展放變化輕快；三是要準，踏步要準確，以腰爲軸步隨身换，手隨身行。走步時，開始可在地上畫一圓圈，順着圓圈的路綫走，然後可以沿想象的圓綫走轉，或是負重練走，有一定的基礎之後還可以走梅花樁或簸籮緣等。

這兩種基本步法，再結合八卦掌繞圓走轉這一基本的運動形式又產生了多種步法，這套八卦掌中多用的是弧形步和圓形步，還很少用到了S形步。弧形步的做法即是以兩脚前後站立，以後脚的前掌蹬地上步，以脚跟落地到脚掌踏實續另脚；且靠弧心一側的脚落步時，脚尖微外擺，另一脚落步時則微内扣。如此交替行進，若所走過的足迹不足一個圓圈，則稱爲弧形步。圓形步走法同弧形步，唯兩脚交替行進的足迹連成了一個圓；S形步是由左弧形步與右弧形步連接而形成的；本書下章《八卦龍形劍》中還用到雙環步，雙環步可以説是由兩個S形步連接而成，其足迹形如兩個相連的圓圈。弧形步的弧度及圓形步圓圈的大小，是由擺扣步的幅度來決定的。就以圓弧步爲例，擺扣步的幅度越大，圓形步的圓圈就越小；擺扣步的幅度越小，圓圈也就越大。八卦掌諸步法的特點主要表現爲"繞圈走轉"和"步若趟泥"。

死步八母掌：是八卦套路的初級基礎技術：其步法主要是擺扣步，手法有扳、攔、截、扣、推、托、帶、領。主要掌法是單换掌、雙换掌、坡掌、順勢掌、回身掌、翻身掌等。練時要一掌一掌地練，待動作熟練，方法準確，協調圓活後再連貫起來練習，爲隨走隨練打下堅實的基礎。

活步八母掌：要求上下相隨，隨走隨變，動作連貫，柔中寓剛，精神貫注，節奏分明。

變架式：即熟練地同各種掌法隨意穿插在走轉變换之中。這時應突出勁力順達，氣勢完整，使技術日臻完美。

在練習基本功時，還要加强八卦門套路擊法的概念，突出八卦掌技擊特點。

八卦連環掌譜

1. 預備式
2. 弧形步推掌
3. 擺扣步架推掌
4. 扣步抱穿掌
5. 轉身穿擺掌
6. 弧形步推掌
7. 擺扣步架推掌
8. 扣步抱穿掌
9. 弧形步推掌
10. 穿掌翻身弧形步
11. 雙抱掌
12. 弧形步雙撐掌
13. 擺扣步抱穿掌
14. 左轉身弧形步雙推掌
15. 穿掌翻身弧形步
16. 雙抱掌
17. 弧形步雙撐掌
18. 擺扣步抱穿掌
19. 轉身弧形步雙推掌
20. 背伸掌弧形步
21. 進步左右挑穿掌
22. 背伸掌弧形步
23. 進步左右挑穿掌
24. 掄劈拳轉身對撐掌
25. 行步雙撐掌
26. 弓步按穿掌
27. 仆步穿掌
28. 上步穿掌
29. 翻身提膝雲砍掌
30. 弧形步背伸掌
31. 扣步抱穿掌
32. 轉身弧形步雙推掌
33. 轉身弓步穿掌
34. 轉身弓步擺按掌
35. 轉身抄掌
36. 轉身弓步穿擺按掌
37. 轉身扣步抱穿掌
38. 半馬步架托掌
39. 弧形步架托掌
40. 右轉身行步順勢掌
41. 左轉身行步順勢掌
42. 提膝插掌
43. 轉身仆步蓋穿掌
44. 轉身提膝穿掌
45. 翻身震脚馬步架推掌
46. 仆步蓋穿掌

47. 掄臂仰身後穿掌
48. 捋手掄劈拳
49. 轉身蓋步雙分掌
50. 翻身歇步抱穿掌
51. 轉身弧形步捧掌
52. 右仆步摟手架穿掌點腿
53. 撤步翻身架穿掌右點腿
54. 轉身扣步抱穿掌
55. 轉身弧形步雙推掌
56. 轉身裹合腿雲砍掌
57. 扣步抱穿掌
58. 轉身弧形步雙推掌
59. 并步雙按掌
60. 收式

1. 預備式

兩脚并步站立，脚尖外展；挺胸、直背、立腰、收腹、斂臀，頭平、頸直，兩肩鬆沉、垂臂，兩掌自然貼於大腿外側；初習者可在地上畫一圓圈或想象地上有一圓圈，立於圓圈南綫上，面南；呼吸自然，意識集中；雙目平視前方（圖 1－1）。

（1）并步雙按掌

兩臂外旋，掌心向外，從體側向上平舉；雙目仍平視前方（圖 1－2）。

兩掌繼續上舉，舉至與頭同高後，兩臂內旋屈肘，翻腕向腹前下按掌；兩掌手指相對，掌心向下，兩掌指尖相距 10 厘米；兩膝同時微屈；雙目仍平視前方（圖 1－3）。

（2）上步雙穿掌

左脚向前上步，脚尖內扣，脚掌踏地，兩腿屈膝，重心在右腿上；同時兩臂外旋從腹前

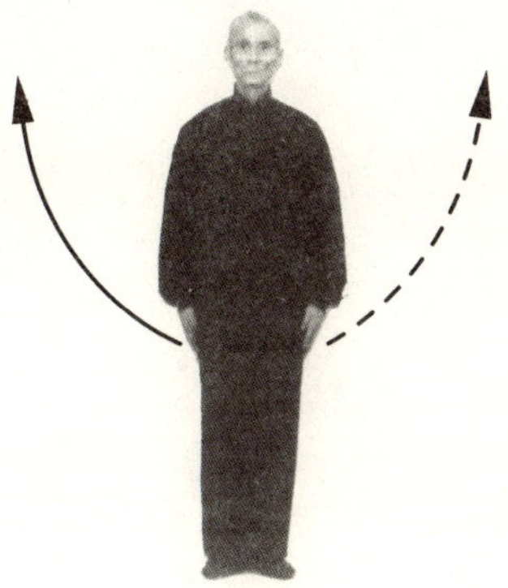

圖1－1

圖1－2

圖1－3

圖1－4

翻腕，掌心向上、向前穿出，肘微屈，左臂在上同肩高，右掌至左肘內側；目視左掌（圖1－4、圖1－4側面）。

（3）扣步抱穿掌

左脚脚尖外展，右脚上步脚尖内扣；左脚續屈膝半蹲，右脚收扣於左脚旁成内八字形，兩脚相距20厘米；身體順勢向左轉90度，兩膝微屈，内扣貼緊；同時左臂屈肘，小臂内旋，掌心向下至右臂上；右臂伸直，右掌向前穿掌，掌心向上；含胸拔背，呼吸自然，目視右掌（圖1－5、圖1－5側面）。

（4）轉身穿擺掌

身體向右轉90度，面南；同時右脚尖内扣上步，兩腿微屈膝，身體重心在左腿上；右臂掌心朝上順勢向上、向右穿至身體右側平舉，小臂内旋沉腕，掌心向前推成立掌；左掌順右臂下落至右肘下方，掌心斜向前方推掌，指尖對準右肘；目視右掌（圖1－6）。

2. 弧形步推掌

（1）右脚尖外展沿圈向右上步成外擺步，

圖1－4側面

圖1－5

圖1－5側面

圖1－6

兩腿微屈膝；目視右掌（圖 1－7）。

（2）上動不停，左脚尖內扣沿圈向右上步成內扣步，右脚尖外展沿圈向右上步成外擺步，身體成半蹲姿勢以八卦趟向右走轉八步（約一圈），左脚尖內扣向前上步；身體順勢向右轉 180 度，此時位於圓圈南綫上，面北；目視右掌（圖 1－8）。

3. **擺扣步架推掌**

（1）上動不停，右脚尖外展上步，左脚跟離地；身體順勢右轉 180 度，擰腰躬身；同時，右臂屈肘，小臂內旋翻腕，上舉横掌架至右前方，掌心向外，指尖向左；左臂微上舉，小臂內旋，掌心向外推掌，指尖向上；目視右掌（圖 1－9）。

（2）上動不停，左脚尖內扣上步，身體順勢右轉 90 度，擰腰，兩脚尖內扣并立，相距 20 厘米，膝微屈；目視右方（圖 1－10）。

圖1-7

圖1-8

圖1-9

圖1-10

4. 扣步抱穿掌

（1）上動不停，右腳尖外展上步，身體順勢右轉 90 度；右臂屈肘向下至胸前，右掌置於左臂前，掌心向外；左臂收於腹前，微屈肘翻腕，掌心向上，向右穿掌；目視左掌（圖 1－11）。

（2）上動不停，左腳腳尖內扣上步，與右腳并立成內八字形，腳尖相距 20 厘米，膝微屈。內扣；身體順勢右轉 90 度（以上從“擺扣步架推掌”到此共四小步爲一小圈），此時位於圓圈南綫上，面東；目視右側（圖 1－12）。

（3）上動不停，右腳尖外展上步，左腳尖內扣上步，兩腳并立成內八字；身體順勢右轉 90 度，微屈膝，扣膝；右掌不動，左掌向右前穿掌，掌心向上；目視左掌（圖 1－13）。

5. 轉身穿擺掌

左腳尖內扣上步，全腳掌踏地，兩膝微屈，身體重心在右腿上；同時，左掌從右向前、向左穿掌至左側，小臂內旋沉腕，掌心向前，指尖向上，立掌；右掌下落至腹前沉腕，置於左肘下方；目視左掌（圖 1－14）。

圖1-11

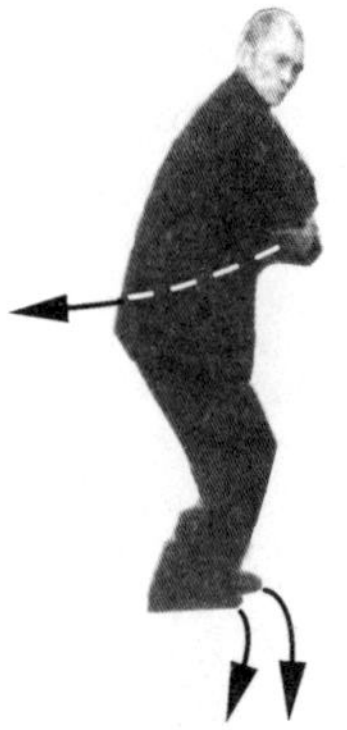
圖1-12

圖1-13

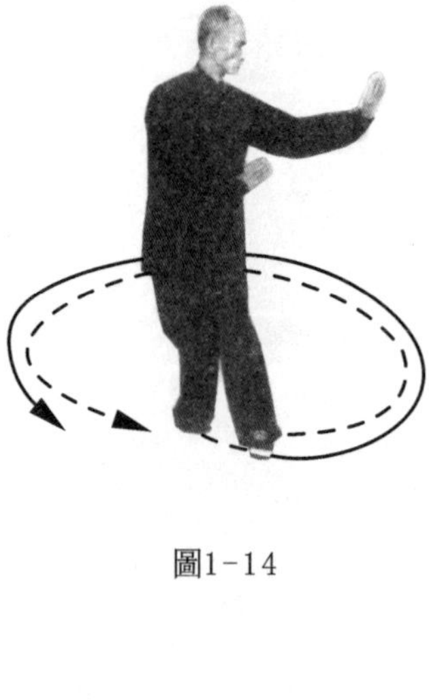
圖1-14

6. 弧形步推掌

上體姿勢不變，兩膝微屈；左脚尖外展沿圈向左上步成外擺步；右脚尖內扣沿圈向左上步成內扣步；身體成半蹲姿勢以八卦趟向左沿圈走轉七步(約一圈)，停步時左脚在前，位於圓圈南綫上，面南；目視左方(圖 1－15)。

7. 擺扣步架推掌

(1) 左脚尖外展上步；身體順勢左轉90度；同時左臂上舉至頭上方架掌，掌心向外，指尖向左；右掌前推，掌心向前，擰腰躬身；目視右掌(圖 1－16)。

(2) 上動不停，右脚內扣上步，與左脚并立成內八字形，兩膝微屈；身體順勢左轉90度，含胸拔背；目視左方(圖 1－17)。

(3) 上動不停，左脚尖外展上步；身體繼續向左轉 90 度，擰腰躬身；右掌前推，小臂外翻，掌心向上，向左前方穿掌；目視左方(圖 1－18)。

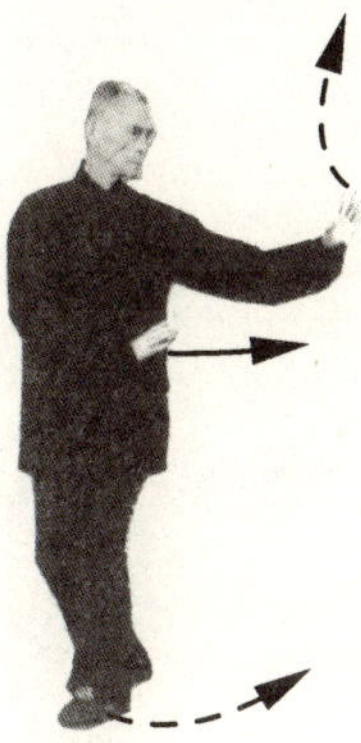

圖1－15

圖1－16

圖1－17

圖1－18

8. 扣步抱穿掌

上動不停，右脚尖内扣上步，與左脚并立成八字形；身體順勢左轉 90 度，此時位於圈南，面南；兩腿微屈，内扣貼緊，含胸拔背；以上從“擺扣步架推掌”至此共四步爲一小圈；同時左臂下落，屈肘於胸前，左掌扶於右臂上，掌心向下；右掌向體左側穿掌，掌心向上；目視左方（圖 1－19）。

9. 弧形步推掌

（1）上動不停，右脚上步，脚尖内扣；兩膝微屈，重心在左腿上；同時右掌從左向上、向右穿至右側平舉，右臂内旋沉腕，掌心向前推掌，立掌；左掌順右臂落至右肘下方，掌心斜向前方，指尖對準右肘；目視右掌（圖1－20）。

（2）上體姿勢不變，重心前移；右脚尖外展沿圈向右上步成外擺步，左脚尖内扣沿圈向右上步成内扣步；身體右轉 90 度成半蹲姿勢向右以八卦趟沿圈走轉七步（約一圈），停步時右脚在前；目視右掌（圖 1－21）。

10. 穿掌翻身弧形步

（1）左脚尖内扣沿圈上步，身體順勢右轉

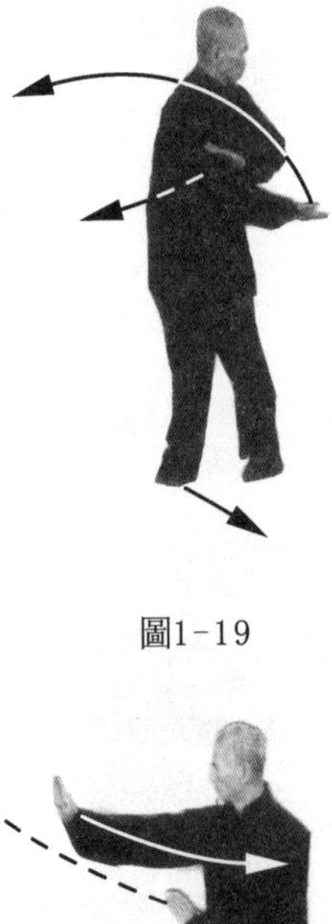

圖1-19

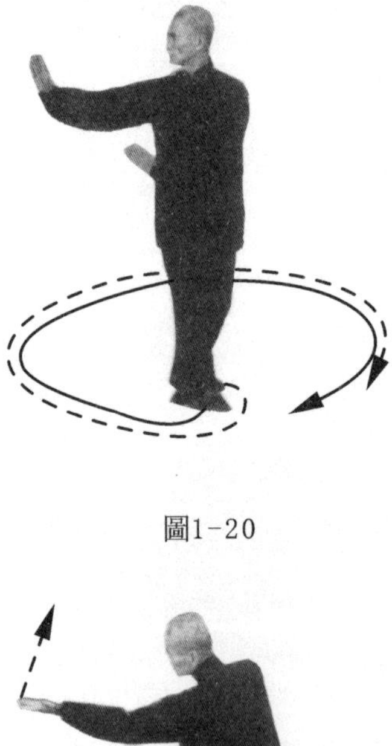

圖1-20

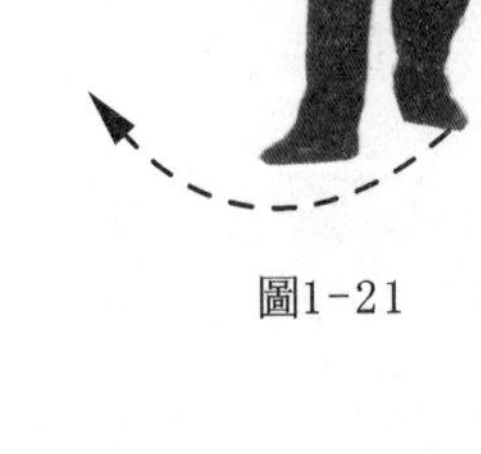

圖1-21

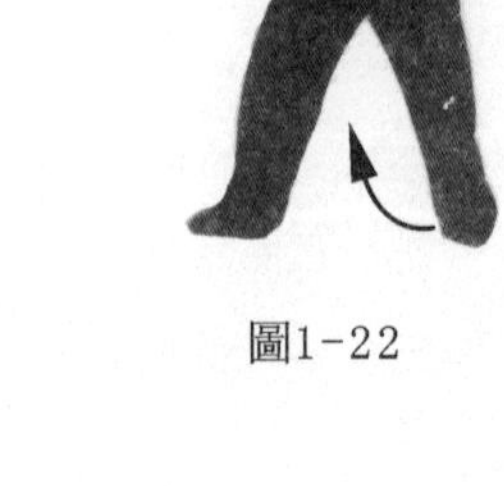

圖1-22

90 度；同時左臂上舉，小臂外旋，掌心向上從右臂下向前穿掌，臂直，高同肩，掌指向前；右掌屈肘於左臂上，掌心向下；目視左掌（圖 1－22）。

（2）上動不停，向右擰身，裹襠；右脚尖外展沿圈上步；左掌繼續上舉，右掌屈肘於胸前位置不變；目視左掌（圖 1－23）。

（3）上動不停，上體續向右翻轉 90 度，左脚同時向前上步，兩腿微屈膝，上體後仰；左掌上舉至頭上方，掌心向右，指尖向上；右掌位置不變；目視左掌（圖 1－24）。

（4）上動不停，右脚上步，脚尖外擺；左臂內旋翻腕，指尖向右，掌心向前於頭上方横架；身體順勢擰腰向右轉身 90 度，以上四步爲一小圈，此時立身於圓圈南綫上，面南；目視右方（圖 1－25）。

11. 雙抱掌

上動不停，左脚沿圈向右上步，脚尖內扣，身體順勢向右擰腰轉身 90 度；同時兩腿屈膝半蹲，重心在右腿上；左掌從頭上方下落至右臂上，屈肘沉腕，掌心向右，指尖向上；右掌位置不動；目視左掌（圖 1－26）。

圖1-23

圖1-24

圖1-25

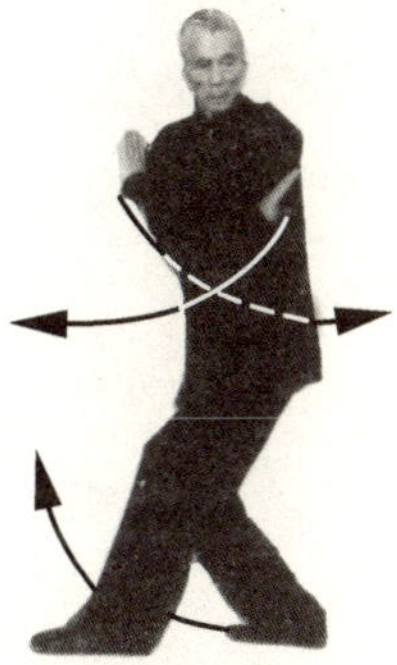

圖1-26

12. 弧形步雙撑掌

（1）上動不停，右脚尖外展沿圈向右上步成外擺步，兩膝微屈；身體順勢右轉 90 度；兩臂同時向下，向外分掌於體側，肘微屈，掌心向外，指尖向下；目視右方（圖 1－27）。

（2）左脚尖内扣沿圈向右上步成内扣步；右脚尖外展沿圈向右上步成外擺步；身體成半蹲姿勢順勢向右以八卦趟沿圈向右走轉四步（約一小圈），停步時兩脚開立成半馬步，此時位於圓圈南綫上，面南；兩臂位置不變；目視右方（圖 1－28）。

13. 擺扣步抱穿掌

（1）身體繼續向右擰轉 90 度，右脚上步，脚尖外展；同時右臂屈肘上舉至胸前，腕内旋，掌心向外；左臂外旋掌心向上，從左經體前向右穿掌；目視右方（圖 1－29）。

（2）身體再向右轉 90 度，右脚以脚跟爲軸，脚尖外展；左脚上步，脚尖内扣，與右脚平行站立，相距 20 厘米；兩膝内扣貼緊，微屈膝，含胸拔背；右臂内旋，右掌心向下扶左臂；左臂續向右穿掌至右方；目視右方（圖 1－30）。

圖1-27

圖1-28

圖1-29

圖1-30

(3) 身體再右轉 180 度，右脚尖外展沿圈向右上步，左脚尖内扣沿圈向右上步，兩脚開立同肩寬，兩膝微屈、内扣、緊貼，含胸拔背；以上四步爲一圈，此時位於圈南，面南；目視右方(圖 1－31)。

14. 左轉身弧形步雙推掌

(1) 上動不停，左脚向前上步，兩膝微屈，重心在右腿上；同時左掌順勢向上、向左穿至身體左側平舉，左小臂内旋沉腕，掌心向前推掌，立掌；右掌順左臂下落左肘下方，掌心斜向前方，指尖對準左肘；目視左掌(圖 1－32)。

(2) 上體姿勢不變，左脚尖外展沿圈向左上步成外擺步；右脚尖内扣沿圈向左上步成内扣步；身體順勢向左以八卦趟沿圈走轉七步(約一圈)回到原位，面南；目視左掌(圖 1－33)。

15. 穿掌翻身弧形步

(1) 上動不停，右脚尖内扣向左側直綫上步，身體順勢左轉 180 度，兩膝微屈；同時左臂外旋上舉至頭前方，掌心向上；右掌位置不變；目視左掌(圖 1－34)。

圖1-31

圖1-32

圖1-33

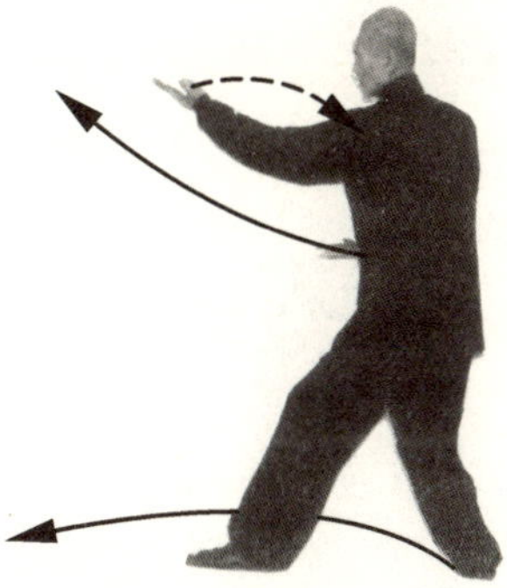
圖1-34

（2）上動不停，右脚尖内扣續向左側直綫上步，身體順勢左轉 180 度，兩膝微屈，身體重心在左腿上；右臂外旋，向右穿掌至右側方平舉，掌心向上；左臂内旋屈肘至胸前，掌心向下；目視右掌（圖 1－35）。

（3）上動不停，左脚尖外展沿圈向左上步，身體繼續向左翻轉，擰腰裹襠，右掌繼續上舉，左掌位置不變；目視右掌（圖 1－36）。

（4）上動不停，右脚尖内扣沿圈上步成内扣步，身體繼續向左翻轉 90 度，兩膝微屈，上體微後仰，此時位於圈東，面東；同時右掌舉至頭上方，掌心向左；目視右掌（圖 1－37）。

16. 雙抱掌

上動不停，左脚尖外展沿圈向左上步成外擺步，右脚尖内扣沿圈向左上步成内扣步，兩膝微屈；身體順勢左轉 90 度，擰腰躬身，此時位於圈北，面北；同時右臂屈肘沉腕落至左臂上，掌心向左；目視左掌（圖 1－38）。

圖1-35

圖1-36

圖1-37

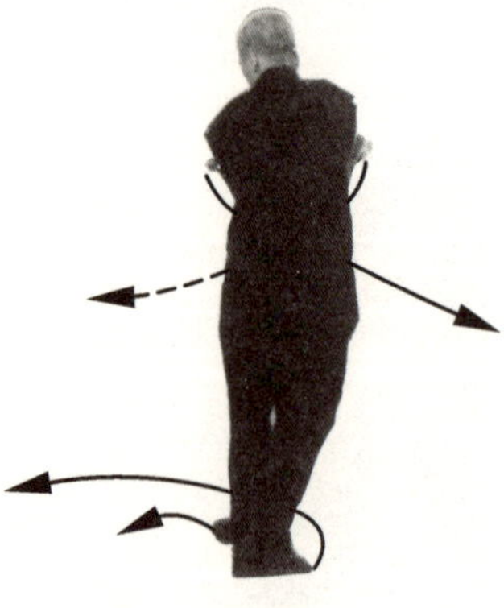
圖1-38

17. 弧形步雙撐掌

（1）左脚尖外展沿圈向左上步成外擺步；右脚尖內扣沿圈向左上步成內扣步；兩膝微屈，身體順勢向左轉 90 度；同時兩臂向下、向外撐掌於體側，兩肘微屈，掌心向外，指尖向下；目視左方（圖 1－39）。

（2）左脚尖外展沿圈向左上步成外擺步，右脚尖內扣沿圈向左上步成內扣步；兩膝微屈，順勢向左走轉四步（約一小圈），停步時向右轉體 90 度，此時位於圈北，面南；目視左方（圖 1－40）。

18. 擺扣步抱穿掌

（1）上動不停，左脚尖外展沿圈向左上步，身體繼續向左轉 90 度，兩膝微屈；同時左臂屈肘上舉至胸前，腕內旋，掌心向外；右臂外旋，掌心向上，從右經體前向左穿掌；目視左方（圖 1－41）。

（2）右脚尖內扣上步與左脚相距 20 厘米；兩膝微屈，兩膝內扣緊貼；隨向左轉體 90 度，含胸拔背；目視右掌（圖 1－42）。

圖1-39

圖1-40

圖1-41

圖1-42

19. 轉身弧形步雙推掌

(1) 右脚尖外展沿圈右上步,身體順勢右轉 90 度,兩膝微屈,重心在左腿上,位於圈北,面東;同時右臂順勢向上、向右穿掌至身體右側平舉,小臂內旋沉腕,掌心向前推掌,立掌;左掌順右臂下落右肘下方,掌心斜向前方,指尖對準右肘;目視右掌(圖 1-43)。

(2) 重心前移,右脚尖外展沿圈向右上步成外擺步,左脚尖內扣沿圈向右上步成內扣步;身體成半蹲姿勢向右以八卦趟沿圈向右走轉八步(約一圈),兩掌推向圓心;身體順勢右轉 90 度,位於圈北,面南;右脚上前半步,脚尖外展;目視右掌(圖 1-44)。

20. 背伸掌弧形步

(1) 右脚尖外展沿圈向右上步成外擺步;左脚尖內扣沿圈向右上步成內扣步;兩膝微屈,躬身擰腰,順勢向右轉體 180 度,同時左臂向下、向左、外旋向上至左上方,掌心向右,指尖向上;右臂內旋,抬肘旋腕;右掌經肋間抄向身體右側後方,掌心向上,指尖向後;目視右掌(圖 1-45)。

(2) 身體續向右擰轉 135 度,躬身,兩膝微屈,右脚尖外展沿圈向右上步成外擺步,左脚尖內扣沿圈向右上步成內扣步,續向右走轉四步(約一小圈),此時位於圈東北,面東南;同時左掌繼續向上伸,右掌繼續向後抄掌;目視右掌(圖 1-46)。

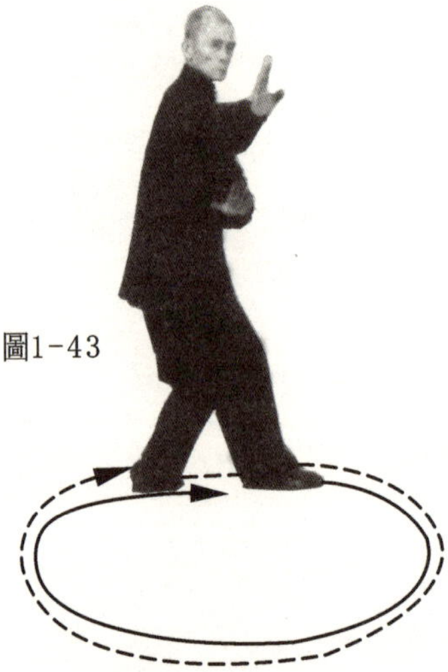

圖1-43

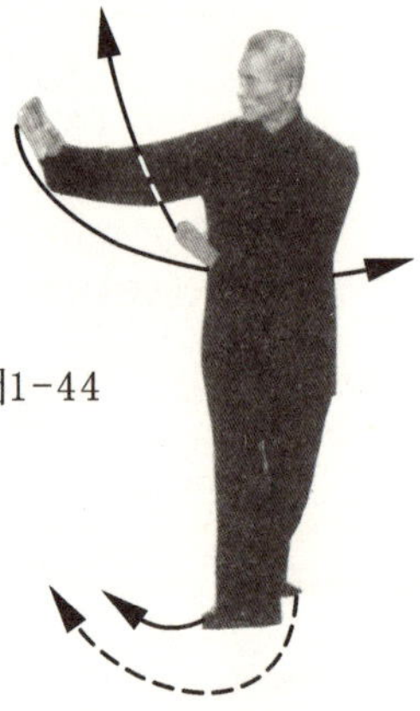

圖1-44

圖1-45

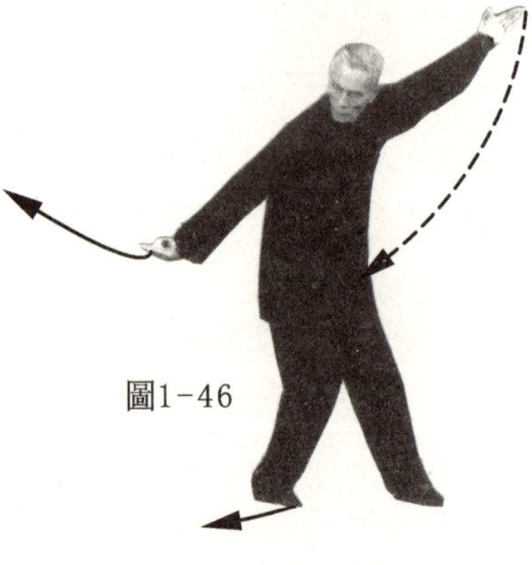

圖1-46

21. 進步左右挑穿掌

（1）上動不停，身體向右轉 90 度，面向西南；右脚向圓心方向上半步，兩膝微屈；同時右臂外旋，右掌從後向前挑掌至體前平舉，翻腕使掌心向上；左臂屈肘下落，左掌收於腰左側，掌心向裏，指尖向右；目視右掌（圖 1－47）。

（2）左脚續向圓心方向上一步，兩膝微屈；左臂外旋，掌心向上，左掌經右臂上向前穿掌，掌同肩高；同時右臂内旋屈肘收至左臂下方，掌心向下；目視左掌（圖 1－48）。

（3）右脚續向前上步，脚尖内扣，兩膝微屈扣緊；同時右臂外旋，掌心向上從左臂下向前穿出，掌同肩高；左臂内旋屈肘收至右肘前，指尖對右肘，掌心向下；目視右掌（圖 1－49）。

22. 背伸掌弧形步

（1）左脚尖外展沿圈向左上步成外擺步；兩膝微屈，躬身擰腰，身體順勢左轉 45 度，面南；同時左臂抬肘，小臂内旋、轉腕；左掌，經肋間抄向身體左側後方，掌心向上；右臂上舉，掌心向上；目視左掌（圖 1－50）。

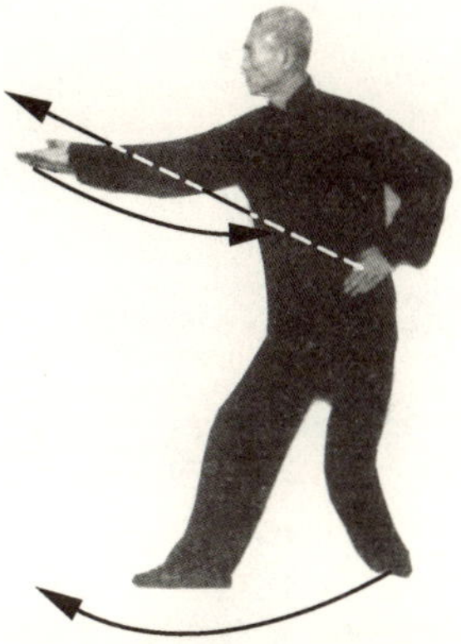
圖1-47

圖1-48

圖1-49

圖1-50

（2）上動不停，右脚尖内扣上步，向左走轉四步（約一小圈）；右脚尖内扣上步，身體續向左轉 180 度，位於圈東，面北，兩膝微屈，躬身擰腰；同時右掌續向上伸掌，左掌續向後抄掌；目視左方（圖 1－51）。

23. 進步左右挑穿掌

（1）上動不停，左脚尖外展向前上步，兩膝微屈；同時右臂屈肘，右掌收至胸前，掌心向下，指尖向左；左掌從後向左、向上反挑掌，掌心向後，掌同肩高；目視左掌（圖 1－52）。

（2）右脚上步，脚尖内扣；身體順勢向左轉 90 度，位於圈南，面西，兩膝微屈，身體重心在右腿上；同時右臂外旋，右掌心向上，從胸前向前穿出，臂同肩高；左臂外旋，屈肘，收至右臂下方，掌心向下；目視右掌（圖 1－53）。

（3）左脚向右上步，并向右轉體 90 度，面北；兩膝微屈，身體重心在右腿上；左臂外旋，左掌心向上，從右臂下向前穿出，臂同肩高；右臂内旋屈肘收至右腰前，沉腕，掌心斜向左方；目視左掌（圖 1－54）。

圖1-51

圖1-52

圖1-53

圖1-54

24. 掄劈拳轉身對撐掌

（1）上動不停，左小臂外旋，掌心向上；同時右掌向下、向後直臂變拳至體右後方斜上舉，拳心向上；目視左掌（圖 1－55）。

（2）左脚上步，屈膝半蹲，順勢向左轉體 90 度，右腿蹬直成左弓步；同時右拳從後向前劈拳（成立拳）；左臂同時屈肘迎擊右臂，拳同肩高；目視前方（圖 1－56）。

（3）身體向左轉 90 度，左脚蹬地直膝；同時右脚提膝至左腿前；兩臂同時屈肘變掌收至胸前，兩掌心向外，兩腕交叉；目視前方（圖 1－57）。

（4）右脚向左前方落步，身體順勢左轉 90 度，面東，兩膝微屈；同時兩臂伸直，兩掌分向左、右撐掌，兩臂平舉，屈腕，掌心向外，拇指向下；目視前方（圖 1－58）。

圖1-55

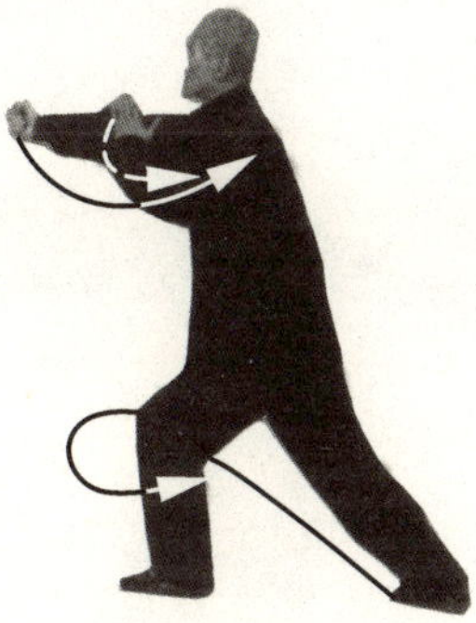

圖1-56

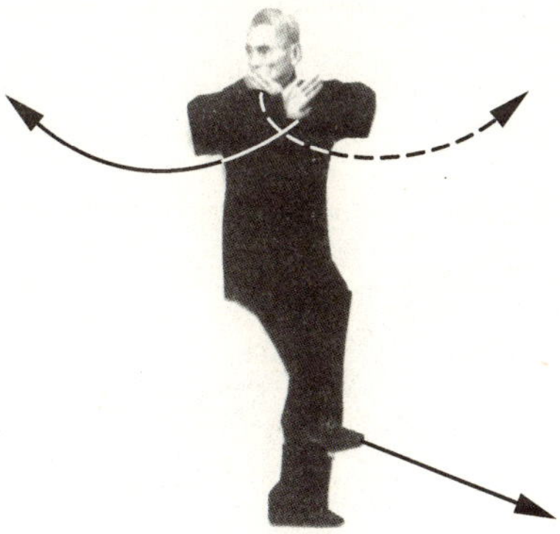

圖1-57

圖1-58

25. 行步雙撑掌

上動不停，上體姿勢不變，兩膝微屈；先右脚，後左脚，各向前進兩步；目視前方（圖 1－59）。

26. 弓步按穿掌

上動不停，左脚上步屈膝，右腿蹬直成左弓步；同時右臂屈肘，小臂外旋，掌心向上，經腰側向前穿出，臂同肩高；左臂屈肘，左掌下按扶右肘處；目視前方（圖 1－60）。

27. 仆步穿掌

（1）右脚向前上步，身體左轉 180 度面西，左腿屈膝，右腿蹬直成左弓步；同時右掌向上、向前蓋掌，指尖向下，虎口向左至右額前；左掌扶右肘；目視右掌（圖 1－61）。

（2）向右轉體 90 度，左腿屈膝全蹲，右腿伸直平仆成左仆步；同時右掌向下、向右順右腿内側反臂抄掌，掌心向上；左臂伸直至體左側方，掌心向前；目視右掌（圖 1－62）。

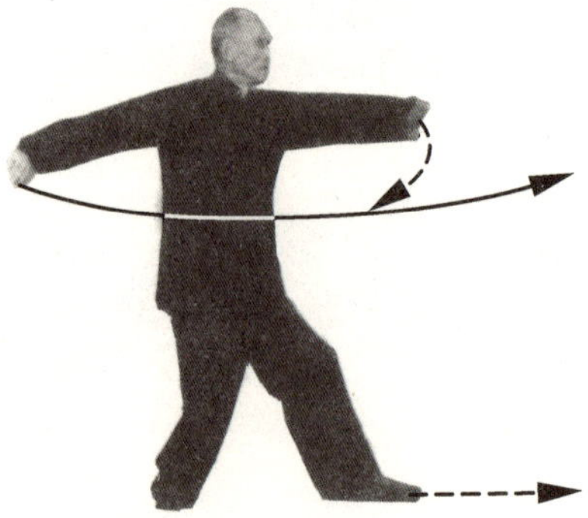

圖1-59

圖1-60

圖1-61

圖1-62

28. 上步穿掌

（1）上動不停，重心右移，向右轉體 90 度，屈右膝，左腿蹬直成右弓步；同時右臂外旋掌心向下，向前穿掌，平舉，指尖向前；左臂內旋，掌心向後，直臂於左後方；目視右掌（圖 1－63）。

（2）左脚上步屈膝，右腿蹬直成左弓步，身體順勢右轉 90 度，面南；臂屈肘，左掌經腰側向前從右臂上穿出，掌心向外，指尖向前；同時右臂屈肘，右掌心向下扶左肘處；目視左掌（圖 1－64）。

29. 翻身提膝雲砍掌

（1）上動不停，兩膝微屈，身體重心移至兩腿間；同時右臂微屈，右掌向上、向右於頭上方雲掌；身體隨之微後仰，左臂不動；目視右掌（圖 1－65）。

（2）上動不停，左腿蹬直，右腿提膝，脚尖向下扣襠，身體順勢右轉 90 度，此時位於圈南，面西；同時右掌旋腕，掌心向上，從頭上方向前砍掌，臂平舉；左臂內旋，反臂於體後方，掌心向上，指尖向後；目視右掌（圖 1－66）。

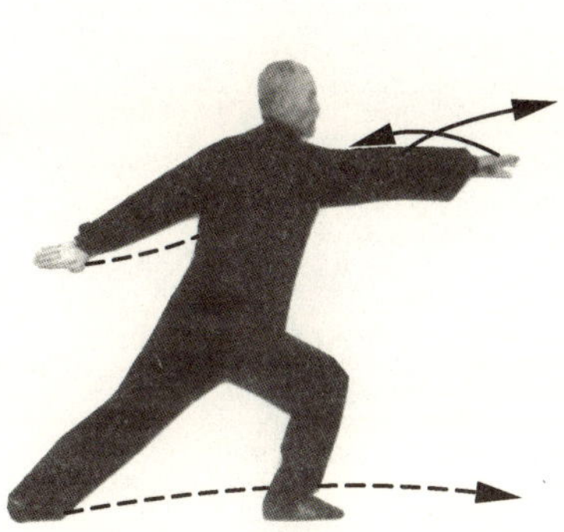
圖1-63

圖1-64

圖1-65

圖1-66

30. 弧形步背伸掌

（1）右脚尖外展落地，兩膝微屈，躬身擰腰；同時右臂抬肘，小臂內旋，轉腕；右掌經肋間抄向身體右後方，掌心向上，屈腕；左臂外旋上舉至左上方，掌心向右；目視右掌（圖1－67）。

（2）左脚尖內扣上步成內扣步；身體順勢右轉180度，回圈南，面東；兩膝微屈，躬身擰腰；同時右掌繼續向後抄掌；左臂屈肘，左掌至頭左上方；目視右掌（圖1－68）。

31. 扣步抱穿掌

右脚尖外展上步，左脚尖內扣上步，右脚尖繼續外展上一步；身體順勢右轉90度，位於圈南，面南；躬身擰腰，兩膝微屈；同時右臂外旋屈肘於胸前，右掌至左臂前；左臂外旋下落於腰側，左掌心向上，續向右下方穿掌；目視右掌（圖1－69）。

32. 轉身弧形步雙推掌

（1）左脚上步，脚尖外展；兩膝微屈，身體順勢左轉90度，重心在右腿上；同時左掌從右向上、向左穿至左側平舉，小臂內旋沉腕，掌心向前推掌，立掌；右掌順勢從左臂上下落左肘下方，掌心斜向前方，指尖對準左肘；目視左掌（圖1－70）。

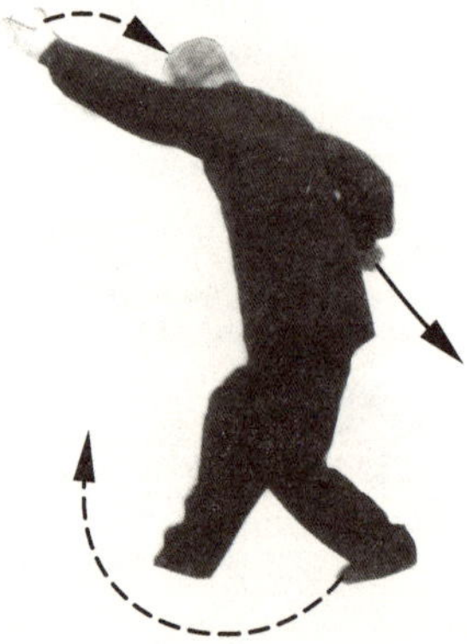

圖1－67

圖1－68

圖1－69

圖1－70

（2）上體姿勢不變，左脚尖外展沿圈向左上步成外擺步；右脚尖內扣沿圈向左上步成內扣步；身體成半蹲姿勢向左以八卦趟走轉五步，走轉中，順勢向左轉體 270 度，此時位於圈北，面南；右脚向前上步不落，身體重心移至左腿上，同時右臂從左臂上向左、向上、向右劃弧至體右側平舉，掌心向後，左臂微抬肘，平舉，掌心向下，指尖向前；目視左掌（圖 1－71）。

33. 轉身弓步穿掌

（1）上動不停，右脚落地蹬直，順勢向左轉體 90 度，左腿屈膝成左弓步；同時左臂內旋屈肘至胸前，左掌心向下按掌；右臂外旋向前於左掌背上穿掌至體前平舉，掌心向上；目視右掌（圖 1－72）。

（2）身體向右轉 180 度，右腿屈膝，左腿蹬直成右弓步；同時右掌向右穿掌至前方平舉，掌心向上；左掌從右臂下順勢扶於右臂上；目視右掌（圖 1－73）。

34. 轉身弓步擺按掌

上動不停，右腿蹬直，左腿屈膝，身體同時向左轉 180 度成左弓步；同時右臂向上、向前按掌至前上方，（橫掌）指尖向左，掌心向下；左臂經腹前向左屈肘外旋至左腰側，掌心向上；目視右掌（圖 1－74）。

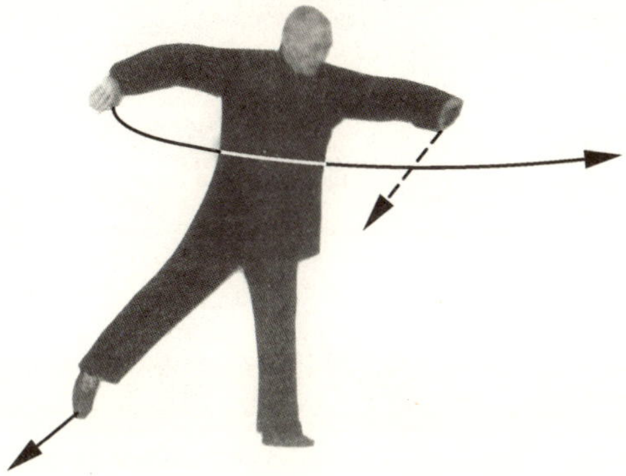

圖1-71

圖1-72

圖1-73

圖1-74

35. 轉身抄掌

上動不停，兩脚尖內扣，兩膝微屈半蹲成半馬步，身體順勢向右轉身 90 度；同時右臂向下、向右後方反臂抄掌，右掌心向上，指尖向後；左臂向前屈肘，左掌心向上，於右臂下向右側穿掌；目視右掌（圖 1－75）。

36. 轉身弓步穿擺按掌

（1）上動不停，右腿蹬直，左腿屈膝成左弓步，身體順勢左轉 90 度；同時左臂向下、向左、向上擺掌至體左側平舉，掌心向上；右臂從右後方，小臂外旋向前、向左、向頭上方劃弧一圈後向右屈肘，右掌扶於左臂上，指尖對左肘處，掌心向下；目視右掌後轉視左掌（圖 1－76）。

（2）左腿蹬直，右腿屈膝成右弓步，身體順勢右轉 180 度；同時左掌向上經頭上方向前按掌，臂同肩高，指尖向右，掌心向下；右掌向下、向右收至腰側，掌心向內，指尖向前；目視左掌（圖 1－77）。

37. 轉身扣步抱穿掌

（1）上動不停，身體左轉 90 度，兩腿屈膝成馬步；同時右掌向右上方穿掌，掌心向左，指尖向上；左臂向下、向左抬肘，小臂內旋，翻腕，左掌反穿至體左側後方，掌心向上，

圖1-75

圖1-76

圖1-77

圖1-78

指尖向後；目視右掌後隨視左掌（圖 1－78）。

（2）左腿蹬立，左腳尖外展；右腿提起經左腿前至體右側落步，身體順勢左轉 360 度；兩膝微屈，兩腳尖內扣開立；同時右掌隨身體左轉時於頭上方向左、向後、向右、再向左穿掌至左腰前；左掌心向上直臂後伸，小臂外旋上舉屈肘至胸前扶於右臂上，掌心向下；目視前方（圖 1－79）。

38. 半馬步架托掌

身體順勢向右轉 90 度；右腳尖外展向右上步，兩膝微屈成半馬步；同時右臂向前、向上至身體右前方，右掌心向上托掌，掌同肩高；左小臂內旋向上至頭上方架掌，掌心向前；此時位於圈北，面西；目視前方（圖 1－80）。

39. 弧形步架托掌

（1）右腳尖外展沿圈向右上步成外擺步，左腳尖內扣沿圈向右上步成內扣步；身體順勢向右以八卦趟沿圈走轉五步（約半圈）；在此走的是“S”形步，即從一圓的北綫走到另一圓的南綫上，此時面西；目視前方（圖 1－81）。

（2）左腳尖內扣沿圈向右上步，身體順勢右轉 45 度，此時面向西北；目視前方（圖 1－82）。

圖1-79

圖1-80

圖1-81

圖1-82

（3）右脚尖外展沿圈上步成外擺步，身體順勢右轉180度，位於圈西，面東南；同時右小臂内旋上舉至頭上方架掌，掌心向前；左臂下落至腰側，小臂外旋，左掌心向上，向前托掌，掌同肩高；目視前方（圖1－83）。

（4）上體姿勢不變，右脚外展上步，左脚内扣上步，向前共走五步；然後兩脚掌向左碾地，身體左轉90度位於圈南，面東北；同時右掌向下至右腰側，掌心向裏，指尖向下；左掌從前向上，小臂内旋上架至頭上方，掌心向前，指尖向右；目視右掌（圖1－84）。

（5）左脚内扣向前上步，同時右小臂外旋從腰側向前托掌，掌同肩高，掌心向上；左掌於頭上方横架；目視前方（圖1－85）。

（6）右脚向前上步，左脚向前上步，共四步；左脚掌向左碾地，右脚向左側上步，脚尖内扣，兩膝微屈；身體順勢向左轉180度，位於圈東北，面西南；同時左掌從頭上方下落屈肘於胸前，掌心向下；右臂屈肘於胸前，掌心向上，左掌指尖對右掌心；目視右方（圖1－86）。

40. 右轉身行步順勢掌

（1）上動不停，右脚向左前方上一步，右

圖1-83

圖1-84

圖1-85

圖1-86

腿屈膝，左腿蹬直成右弓步，身體右轉 90 度，面東南；同時右掌順勢向前、向左穿掌，翻腕，掌心向下；左臂屈肘，左掌扶右臂上，掌心向下；目視前方(圖 1－87)。

(2) 兩膝微屈，右脚向前上步，左脚向前上步，共走五步，面仍向東南；同時右臂屈肘扶左臂上，掌心向下；左掌於右臂下，掌心向下，指尖向後；目視前方(圖 1－88)。

41. 左轉身行步順勢掌

上動不停，身體左轉 90 度，兩膝微屈，左脚向前上步，右脚向前上步，左脚再向前上一步；同時左掌向左穿掌於體前平舉，掌心向下；右臂屈肘扶右肘下，指尖向左；目視前方(圖 1－89)。

42. 提膝插掌

(1) 上動不停，兩膝微屈，右脚上前一步；同時身體向左轉 45 度，面北；右臂屈肘，右掌收至右腰側，小臂外旋，掌心向前，指尖向下；左臂上舉，左掌屈腕，掌心向前橫架於頭上方；目視右方(圖 1－90)。

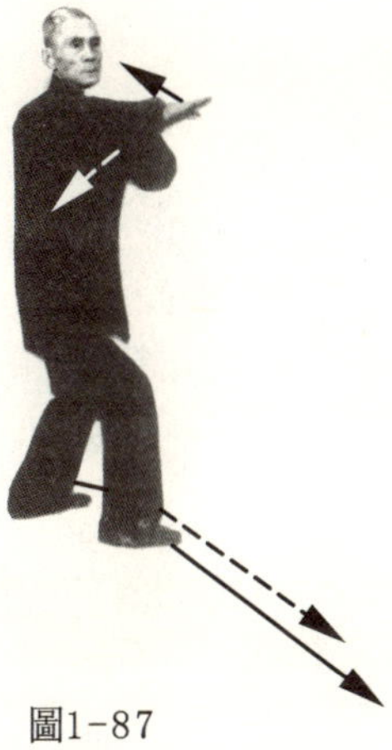
圖1-87

圖1-88

圖1-89

圖1-90

(2)身體重心移至右腿，左腿提膝；同時右掌向右下方插掌，掌心向上；目視右掌（圖1－91）。

43. 轉身仆步蓋穿掌

（1）左脚落地，身體順勢左轉 90 度，左腿屈膝，右腿蹬直成左弓步，上體微前傾；同時右掌從右向上、向前蓋掌至頭前方，指尖向下，虎口向左；左臂外旋屈肘下落至胸前，掌心向内，指尖向上至下顎前；目視前方（圖 1－92）。

（2）向右轉體 90 度，左腿屈膝全蹲，右腿伸直平仆，全脚掌着地成左仆步；同時右掌向下、向右順右腿内側反臂抄掌，掌心向上；左臂向左伸直至體左側方，掌心向前；身體順勢右轉；目視右掌（圖 1－93）。

44. 轉身提膝穿掌

（1）左腿蹬直，身體重心右移，右腿屈膝成右弓步；身體右轉 90 度，面東；同時右臂外旋，右掌向右上挑；左臂屈肘，左掌置於右肩前，掌心向内，指尖向上；目視右方（圖1－94）。

圖1-91

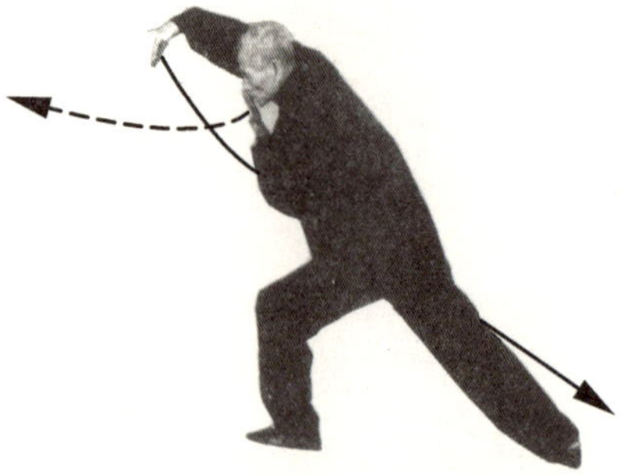

圖1-92

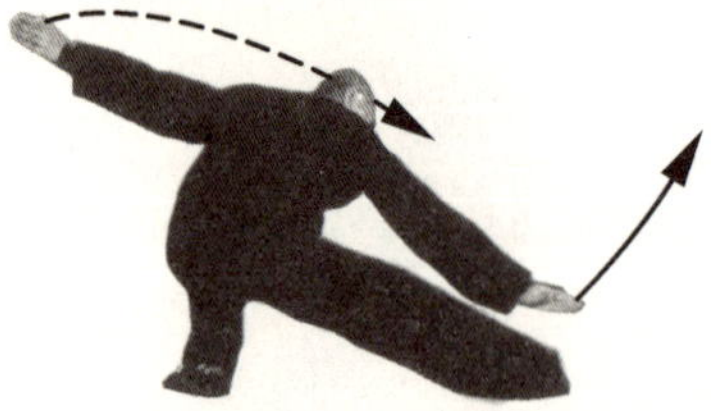

圖1-93

圖1-94

（2）右腿蹬直，同時身體左轉 180 度，提左膝，左脚尖內扣向下；右臂內旋反臂向右後方伸直，掌心向上；左掌從胸前向左穿出，掌心向上，臂同肩高；目視前方（圖 1－95）。

45. 翻身震脚馬步架推掌

（1）左脚於體前下落，同時右脚提起，上體前傾并向右轉體 90 度；左肘微屈，右臂外旋從右後方上舉至頭上方，掌心向外；目視前方（圖 1－96）。

（2）右脚尖內扣向前震脚落地，同時身體向左翻轉 180 度，左脚提起；右臂屈肘，右掌收至腰間，掌心向內，指尖向左；左臂屈肘上舉，翻腕，左掌橫架於頭上方，掌心向前；目視右掌（圖 1－97）。

（3）左脚向右腿後方下落，同時身體繼續向左後方翻轉 180 度，兩腿屈膝成馬步；右掌同時從腰側推出，立掌，掌同肩高，掌心向右；左掌位置不變；目視右掌（圖 1－98）。

圖1-95

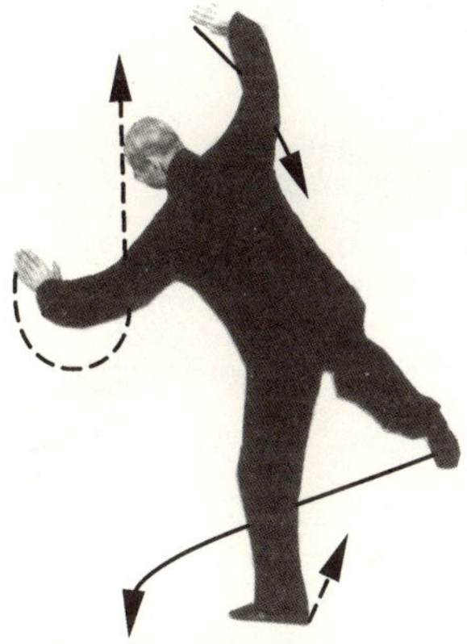

圖1-96

圖1-97

圖1-98

46. 仆步蓋穿掌

（1）右脚蹬地，右腿伸直，左腿屈膝成右弓步；同時身體左轉 90 度。上體微前傾；右臂外旋，右掌從右向上、向前蓋掌至頭前方，指尖向下，虎口向左；左臂外旋屈肘下落至胸前，左掌至下顎前，掌心向内，指尖向上，目視前方（圖 1－99）。

（2）向右轉體 90 度，左腿屈膝全蹲，右腿伸直平仆，全脚掌着地成左仆步；同時右掌從前向下、向右順右腿内側反臂抄掌，掌心向上；左臂向左伸直至體左側方，臂内旋，掌心向後；目視右掌（圖 1－100）。

47. 掄臂仰身後穿掌

（1）上動不停，左脚蹬地，左腿伸直，身體重心移至左脚，右腿屈膝成右弓步；上體右轉 90 度；同時右臂外旋向上挑掌至頭上方，掌心向左；左臂下落至左側後方，掌心向後；目視前方（圖 1－101）。

圖1-99

圖1-100

圖1-101

圖1-102

（2）右腿伸直，左腿微屈，身體後仰；同時左臂屈肘，左掌從左後方經左腰側向前、向上穿掌至下顎前；右臂同時向後、向下輪臂於體右側下方，指尖向下；目視左掌（圖1－102）。

（3）左掌繼續向上、向後穿掌變拳，沉腕；同時兩腳掌向左碾地，身體順勢向左翻轉90度，面北；右臂於右側位置不變；目視左掌（圖1－103）。

48. 捋手掄劈拳

（1）上動不停，右腳蹬立，左腿提膝；同時左掌向下、向右收至右肋前；右掌位置不變；目視左方（圖1－104）。

（2）左腳向左側落步，右腿蹬直，身體順勢左轉90度成左弓步；同時左臂向上、向左掄臂至左上方，右臂微上舉；目視左掌（圖1－105）。

（3）右掌變拳從後向前輪劈拳（立拳），同時左臂屈肘，迎擊右臂，拳同肩高；目視前方（圖1－106）。

圖1－103

圖1－104

圖1－105

圖1－106

49. 轉身蓋步雙分掌

（1）左脚蹬立，右腿提膝；同時身體左轉90度；兩臂屈肘至胸前，兩腕交叉，右拳在下，掌心向外，左掌在上，掌心向下；目視右方（圖1－107）。

（2）右脚向左蓋步下落，兩膝微屈，左脚根提起成右蓋步，上體微前傾；同時右拳變掌，兩掌向左、右分掌平舉，臂同肩高，兩掌心向外，立掌；目視右方（圖1－108）。

50. 翻身歇步抱穿掌

（1）上動不停，兩脚掌向左碾地，身體微後仰順勢向左翻轉180度；兩臂隨身體翻轉掄臂，右掌心向上，左掌心向前；目視右掌（圖1－109）。

（2）身體繼續向左翻身180度；兩脚掌碾地，兩膝微屈，兩腿交叉，左脚根離地成右叉步；兩臂隨身體翻轉掄臂，兩掌心向外，立掌；目視右掌（圖1－110）。

（3）兩腿屈膝全蹲成歇步；右臂屈肘，腕

圖1-107

圖1-108

圖1-109

圖1-110

外旋，右掌心向上、向左下方穿掌；左臂屈肘至體前扶於右臂上；目視右掌（圖1－111）。

51. 轉身弧形步捧掌

（1）兩脚蹬立，右脚上前半步，脚尖内扣，兩膝微屈，身體重心在左腿上成虚實步；向右轉體90度，面西，此時位於圈東，面西；同時兩臂於胸前屈肘，掌跟相對貼緊兩掌向左、右張開，凹掌心向上，掌同肩高；目視兩掌（圖1－112）。

（2）兩掌位置不變，右脚尖外展沿圈上步成外擺步；左脚尖内扣沿圈上步成内扣步；身體成半蹲姿勢向右以八卦趟弧形步走轉六步，兩脚開立，左脚在前；走轉中向右轉體180度，此時位於圈北，面向正東；目視兩掌（圖1－113）。

（3）右脚向右蹬地，直膝；身體微向左傾，左腿屈膝半蹲成横襠步；同時兩臂屈肘。兩掌根靠緊移至左肩前，以兩掌根爲軸，向左翻腕，右掌心向下，左掌心向上，掌心相對；目視右方（圖1－114）。

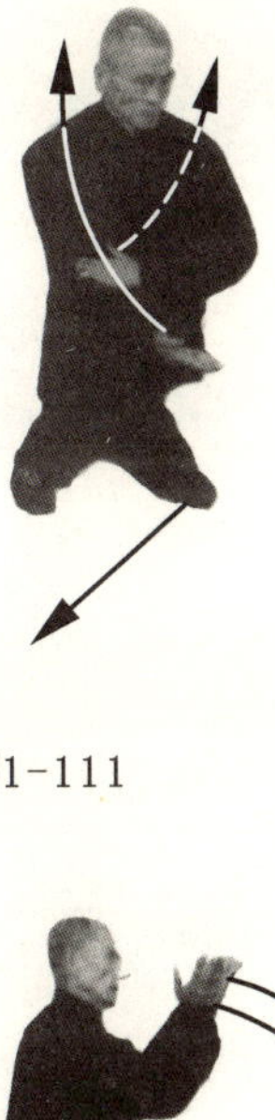

圖1-111

圖1-112

圖1-113

圖1-114

52. 右仆步樓手架穿掌點腿

（1）上動不停，左腿屈膝全蹲，右腿伸直平仆成右仆步；身體順勢向右擰轉 90 度；同時右掌經腹前向右沿右腿上方摟手，掌心向下至右脚背上；左臂屈肘，掌心向上收至左腰側；目視右掌（圖 1－115）。

（2）兩脚蹬地，右腿屈膝，身體順勢右轉 90 度，重心移至右腿；左腿屈膝上舉，身體微後仰，左脚脚面綳平向前方踢出，力達脚尖；同時右臂内旋上舉，翻腕，右掌横架頭上方，掌心向前；左掌向前托掌，掌與頭平，掌心向上；目視前方（圖 1－116）。

53. 撤步翻身架穿掌右點腿

（1）上動不停，左脚向後撤步，身體順勢左轉 90 度，左脚尖向左，兩膝屈成半馬步；左掌同時下落至體左側，掌心向右，指尖向下；右臂下落至身體右側方，掌心向左，指尖向下；此時位於圈西，面南；目視左方（圖 1－117）。

（2）右脚上步，脚尖内扣與左脚并立，兩脚間距離同肩寬；身體順勢向左翻身 180 度，上體微後仰，兩膝微屈；同時左臂上舉至頭上方，掌心向下；右臂順勢向前至體右側，掌心向上；目視左掌（圖 1－118）。

圖1-115

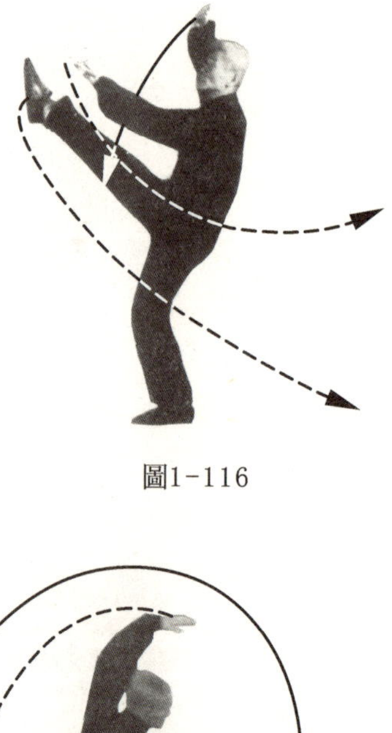

圖1-116

圖1-117

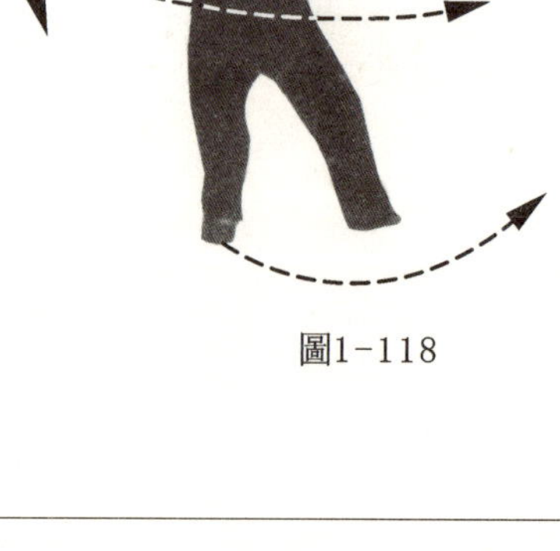

圖1-118

（3）身體繼續向左翻轉 180 度；同時左脚向後撤步，兩膝屈成半馬步；左臂順勢向下至體左側，掌心向右，指尖向下；右臂向上、向下弧形轉至右側下方，掌心向左，指尖向左；目視左掌（圖 1－119）。

（4）左腿蹬立，微屈膝；身體順勢左轉 90 度，重心移至左腿上；右腿屈膝上舉，身體微後仰，右脚脚面繃平向前上踢出，力達脚尖；同時左臂內旋上舉，翻腕，左掌橫架頭上方，掌心向前；右掌從右側向前托掌，掌與頭平，掌心向上；目視前方（圖 1－120）。

54. 轉身扣步抱穿掌

（1）上動不停，右腿向後落步，脚尖外展；身體順勢向右轉 90 度，兩膝屈成半馬步；同時左臂外旋，左掌心斜向前，指尖向上置於左上方；右臂內旋向下，穿至體右後方，旋腕，掌心向上；目視右掌（圖 1－121）。

（2）左脚向右側上步脚尖內扣；身體擰腰躬身順勢右轉 180 度，位於圈北，面北，兩膝扣緊；右掌繼續後伸；目視右掌（圖 1－122）。

圖1-119

圖1-120

圖1-121

圖1-122

（3）左脚向右上步、脚尖外展，兩膝微屈，身體順勢右轉 90 度；右臂外旋屈肘，右掌從後向左移至左臂上方，掌心向下；左臂外旋下落至腹前，掌心斜向上方；兩掌心相對抱掌；目視右掌（圖 1－123）。

（4）左脚上步、脚尖内扣；兩脚并立相距 20 厘米，兩膝微屈，内扣緊貼；身體順勢向右轉 135 度，位於圈北，面西南；左掌向右穿至右腋下；目視右方（圖 1－124）。

55. 轉身弧形步雙推掌

（1）身體向左轉 135 度，面東；同時左脚向左上步，兩膝微屈，身體重心在右腿上；左掌掌心向上向左穿掌至左側方平舉，小臂内旋沉腕掌心向前推掌，立掌；右掌落至左肘下方，掌心向左推掌；目視左掌（圖 1－125）。

（2）左脚尖外展沿圈向左上步成外擺步，右脚尖内扣沿圈向左上步成内扣步，身體成半蹲姿勢向左以八卦趟沿圈走轉八步

圖1-123

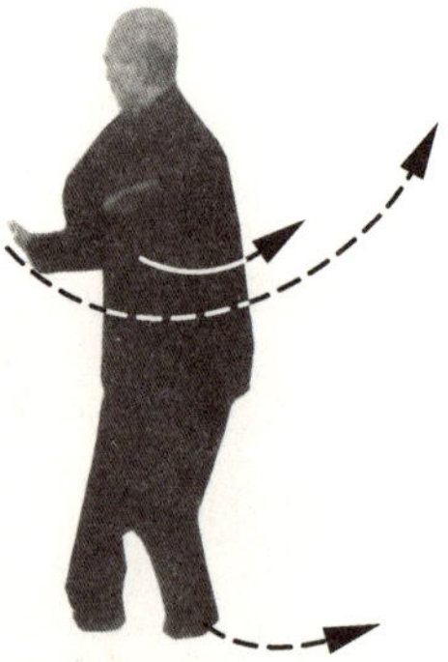

圖1-124

圖1-125

圖1-126

（約一圈）；兩臂位置不變，兩掌推向圓心；目視左掌（圖 1－126）。

56. 轉身裏合腿雲砍掌

（1）左脚尖外展沿圈向左上步成外擺步，右脚尖內扣沿圈向左上步成內扣步；身體順勢向左轉 180 度，兩膝微屈；同時左臂屈肘收至胸前，左掌收於右腋下，掌心向外，指尖向下；右臂上舉至左臂上，臂內旋，右掌心向外，指尖向左；此時位於圈東，面西；目視前方（圖 1－127）。

（2）右掌繼續向左、向上、向後、向右於頭上方雲掌；同時左掌向左弧形落至體左側，掌心向外；向右轉體 90 度後，上體微後仰；目視前方（圖 1－128）。

（3）左腿蹬立，右腿從體右側踢起經體前作扇面擺動一周（裏合腿），提膝，脚尖內扣向下；作裏合腿時，身體順勢左轉 360 度；同時右掌順勢從右上方向前、向左向後再向右前方直臂砍掌，臂同肩高，掌心向上；左臂屈肘，左掌扶右肩，掌心向下；目視右掌（圖 1－129）。

57. 扣步抱穿掌

（1）右脚尖外展下落成外擺步，身體順勢向右轉 90 度，躬身擰腰；左掌向左上方伸掌，直臂；右臂同時內旋屈肘，抬肘，反臂經肋間抄向身體右側後方，掌心向上；此時位於圈

圖1－127

圖1－128

圖1－129

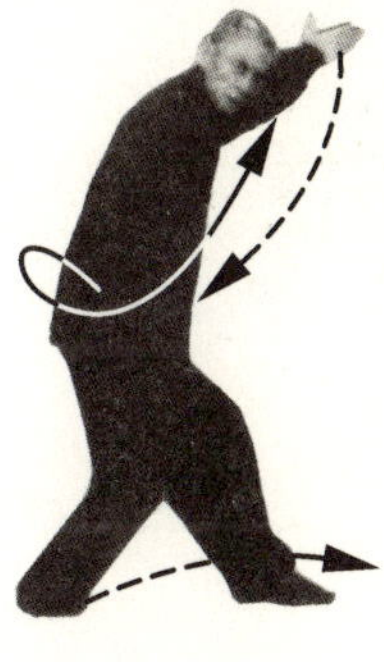
圖1－130

東，面東；目視右掌（圖 1－130）。

（2）左脚尖內扣上步，同右脚并步；身體順勢微右轉，兩膝微屈、扣緊；同時右臂向右後方伸臂，然後臂外旋、屈肘至胸前，右掌心向下扶左臂上；左臂屈肘、外旋，掌心向上，向體側右方穿掌；目視左掌（圖 1－131）。

58. 轉身弧形步雙推掌

（1）左脚向左前方上半步，脚尖外展，身體順勢左轉 90 度；面北；兩腿微屈膝，含胸拔背；同時左掌心向上順勢向前、向上、向左穿掌至身體左側平舉；小臂內旋沉腕，掌心向左推掌，立掌；右掌落至左肘下方，掌心斜向左方推掌，兩掌推向圓心；目視左掌（圖 1－132）。

（2）上體姿勢不變，重心前移，兩膝微屈；左脚尖外展沿圈向左上步成外擺步，右脚尖內扣沿圈向左上步成內扣步，身體成半蹲姿勢向左以八卦趟沿圈走轉四步（約半圈）；走轉中向左轉體 90 度，此時位於圈南，面西，目視左掌（圖 1－133）。

圖1－131

圖1－132

圖1－133

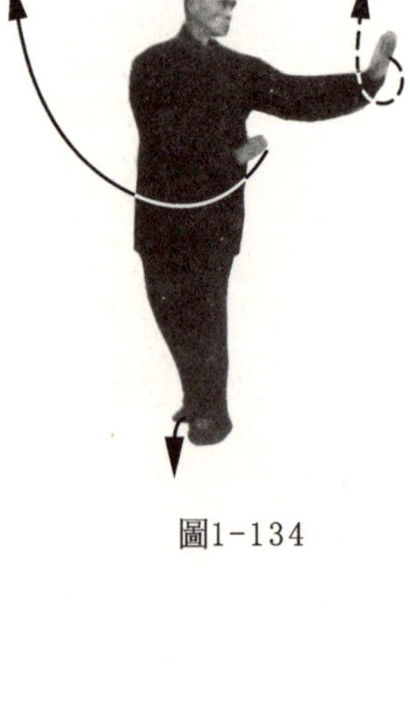

圖1－134

59. **并步雙按掌**

(1) 上動不停，身體順勢左轉 90 度，面南，左脚上前一步，兩膝微屈，身體重心在右腿上；兩臂位置不變；目視左掌(圖 1－134)。

(2) 右脚上前一步與左脚并攏，兩脚尖微外展，屈膝半蹲，兩膝緊扣；同時右臂向下、向右側平舉，兩腕外旋，掌心向上；目視前方(圖 1－135)。

(3) 兩臂上舉至頭高，屈肘經體前下按掌，停於腹前，掌心向下，指尖相對；同時兩膝慢慢挺直；目視正前方(圖 1－136)。

60. **收式**

兩臂自然下垂，目視正前方(圖 1－137)。

圖1-135

圖1-136

圖1-137

二　八卦龍形劍

八卦龍形劍淺説

劍,是武術器械中短器械之一。素有"百刃之君""短兵之帥"的美稱。

劍術套路内容繁多,根據劍路體勢則分爲:工架劍、行劍、綿劍、醉劍。就其總的長短而論,分爲短穗劍、長穗劍。就其握法,分爲正把劍、反把劍、雙手劍以及正把的單劍和雙劍。就其運動形式可分爲單練劍、對練劍。八卦龍形劍以走行穿翻爲主,停勢較少。其運動技術特點表現爲氣勢連貫,一氣呵成,運動中充分體現出流暢無滯,揮霍飄洒,多行勢而少停息的行劍特點。因此是劍術套路中的行劍之列。

八卦龍形劍之具有身捷步靈、隨走隨變、剛柔相濟、勢勢相連的八卦掌拳系的運動技術特點,也是八卦掌拳系的短器械套路之一。除此之外,王樹田先生在套路中增加了風格别致的反手劍動作,如掄、雲、穿、掛、掃等;還有左、右手交换握把等等。形成了獨特的技術特點和運動風格。

八卦龍形劍既有行劍的特點,又有八卦掌拳系的運動形式;因此,八卦龍形劍整體動作的訓練方法源於八卦掌,又超出八卦掌的基本技術要求,特别是在步法上,除以八卦掌中的弧形步和圓形步爲主要步法外,還多S形步和雙環步。在走轉中變化出仿龍的輕靈騰空,摟骨遠縱,縮退屈膝,圓滑活潑的運動特色。

八卦龍形劍的刺、掛、雲、掃、崩、劈等劍法,完全具有古代有鋒刃的短兵器的使用特點。表演時,要劍隨步法、步隨劍轉、柔中有剛、剛中有柔、慢中有快、劍法清楚,招式不離身體變化。練到純熟以後,便是縱、横、斜、正、上、下、内、外連成一氣,環顧四面八方,隨心所欲、綿綿不斷,勝似游龍的套路了。

八卦龍形劍譜

第一段
1. 無極式
2. 青龍縮尾
3. 畫龍點睛
4. 神龍游空
5. 烏龍擺尾
6. 蒼龍拖尾
7. 蒼龍翻身
8. 烏龍擺尾

第二段
9. 烏龍絞柱
10. 青龍抬頭
11. 青龍追月
12. 烏龍翻江
13. 青龍戲尾
14. 蒼龍佈雲
15. 蒼龍拖尾
16. 龍掛膀

第三段
17. 黃龍吐鬚
18. 黃龍纏腰
19. 黃龍拖尾
20. 蒼龍游身
21. 青龍獻爪
22. 青龍吐鬚
23. 蒼龍攪海
24. 青龍翻海

第四段
25. 龍佈雲
26. 蛟龍戲水
27. 蛟龍入洞
28. 神龍騰空
29. 神龍拖尾
30. 蒼龍返宮
31. 無極式

第一段

1. 無極式

初習者可像練八卦連環掌一樣，在地上畫一圓圈或想象地上有一圓圈，只是在練習中要注意到，這裏不僅僅只有弧形步和圓形步，還有 S 形步和雙環步。演練者兩脚并立，脚尖微外展，正身站在圓圈東綫上，右側對圓心；左手持劍，以拇指爲一側，中指、無名指和小指爲一側，分握護手盤和劍柄的分界處；掌心緊貼護手盤下部，手背朝前，食指貼於劍柄上，劍身貼於小臂後側；右手成劍指，小指指向前方；兩臂垂於體側，兩肘微上提；目視前方，呼吸自然（圖 2－1）。

2. 青龍縮尾

（1）左脚尖外展向前上步，同時身體微向左轉，右膝微屈；左手持劍從體側直臂向前，向左弧形至左前方，臂同肩高，掌心向下，劍柄高於左肩；右臂微向後，劍指向下；目視左前方（圖 2－2）。

（2）身體向左轉 90 度，背向圓心；右脚尖上步與左脚平行，兩膝微屈；同時左臂屈肘於胸前，掌心向下，劍身貼於小臂下，劍尖向左；右臂外旋，掌心向上，從體側弧形繞至腹前與左掌心相對；目視劍尖（圖 2－3）。

3. 畫龍點睛

上體右轉 90 度，右側向圓心；同時右脚向前上步，兩膝微屈，身體重心在左腿上；右

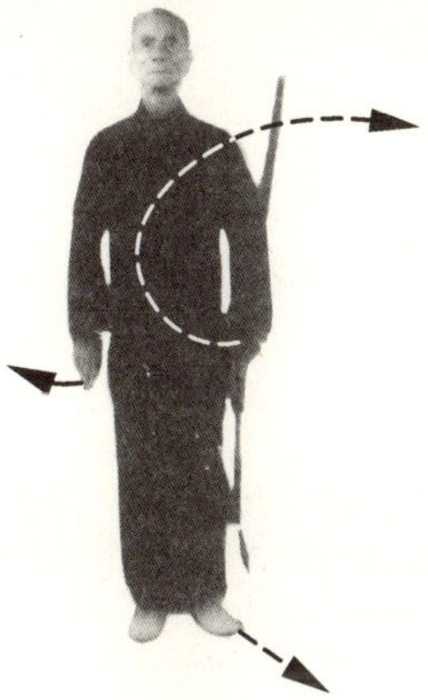

圖2－1

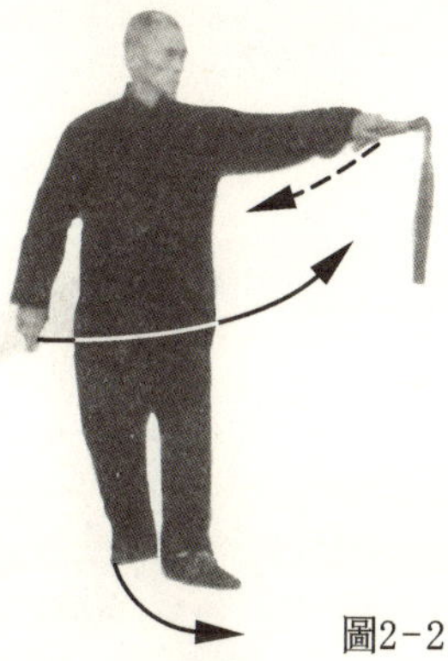

圖2－2

圖2－3

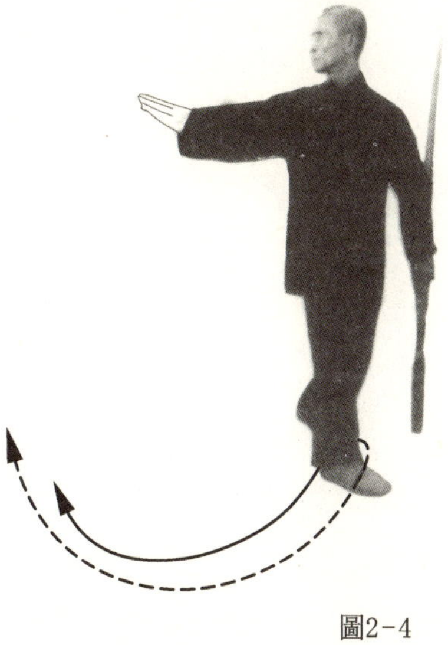

圖2－4

臂手腕外翻向上、向右劃弧至體右側，臂高平肩，沉腕，掌心向外，指尖向上；左手持劍從胸前向下弧形繞至體左側反握劍，肘微屈；目視右手劍指(圖 2－4)。

4. 神龍游空

(1) 右脚尖外展沿圈向右上步成外擺步，左脚尖內扣沿圈向右上步成左扣步；兩膝微屈，擺步、扣步沿圈向右走轉四步(約半圈)，身體順勢右轉 90 度；同時右手指從體右側方指向圓心；左手持劍不動；目視右手劍指(圖 2－5)。

(2) 右脚尖外展沿圈向右上步成右擺步，左脚尖內扣，身體順勢右轉 180 度；同時左臂屈肘至胸前，劍身仍貼於左小臂下，掌心向外；右臂同時屈肘於胸前，掌心向內接住劍柄；目視劍尖(圖 2－6)。

5. 烏龍擺尾

(1) 右脚尖外展向前成右擺步；同時右手握劍至體右前方，劍尖從左向前、向右弧形繞至右上方，虎口向上；左手劍指下落至左胯旁，劍指向下；目視劍尖(圖 2－7)。

(2) 上動不停，左脚尖內扣沿圈向右上步成左扣步，右脚尖外展沿圈向右上步成右擺步；兩膝微屈，向右沿圈走轉四步(約半圈)，身體順勢右轉 180 度；同時左脚向左橫跨一步，左腿屈膝，右腿蹬直成橫襠步；右手持劍小臂外旋帶劍至體左側方，劍尖向右；左臂屈肘，左手劍指扶於右手腕上；目視

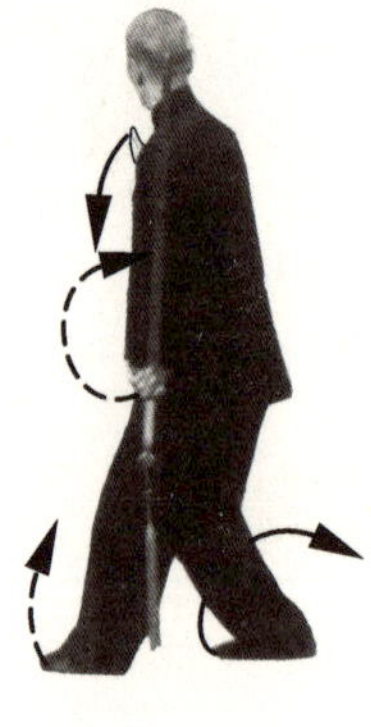
圖2-5

圖2-6

圖2-7

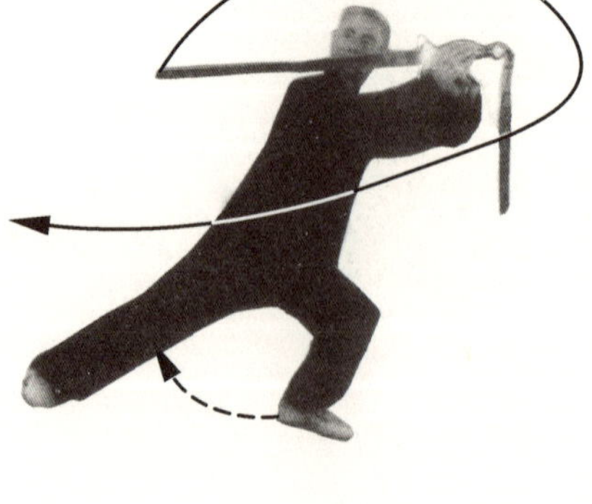
圖2-8

劍尖（圖 2－8）。

（3）身體重心移至右腿，右腿屈膝半蹲；同時左腳蹬離地面扣於右小腿後側；右手持劍，小臂內旋，劍尖從右向上、向左、向下弧形繞至右下方直臂斬劍；左臂屈肘，左手劍指停於左胸前，掌心向下；目隨劍動（圖 2－9）。

6. 蒼龍拖尾

左腳尖外展向左沿圈上步成左擺步，右腳尖內扣向左沿圈上步成右扣步；身體順勢左轉 90 度以八卦趟向左沿圈走轉四步；同時右手帶劍，掌心向上；目視劍尖（圖 2－10）。

7. 蒼龍翻身

（1）上動不停，左腳尖外展沿圈向左上步成左擺步，右腳尖內扣沿圈向左上步成右扣步；兩膝微屈，沿圈向左走轉四小步，身體順勢左轉 90 度；右手持劍屈腕，使劍尖指向左上方；左臂伸直屈腕，左手劍指伸至左上方，掌心向外；目視劍尖（圖 2－11）。

（2）左腳尖外展沿圈向左上步成左擺步，右腳尖內扣沿圈向左上步成右扣步，繼續沿圈向左走轉四步，身體順勢左轉 90 度；同時右臂上舉，提劍至頭上方，劍尖指向左前方；左臂下落至左胯旁，劍指向前；目視前方（圖 2－12）。

圖2-9

圖2-10

圖2-11

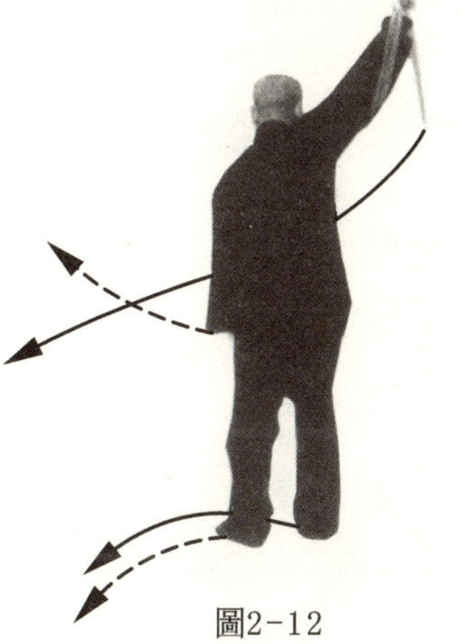

圖2-12

（3）身體左轉 90 度，面向圓心；左脚在前，兩膝微屈；左、右脚直綫交替前進五步（走到圓對邊的邊綫上）；同時右手持劍經體前向下、向右穿劍至體前方；左臂屈肘，左手劍指扶於右手腕處；目視劍尖（圖 2－13）。

（4）右脚尖外展沿圈向右上步，左脚尖内扣沿圈向右脚前上步，以八卦趟沿圈向右走轉四步，身體順勢右轉 90 度；（注意：這裏的步法以圓形步變爲雙環步了。後面還將常走雙環步，不再特别注明。）同時右手持劍，臂内旋屈肘上舉至頭上方，立劍；左手劍指扶於右手腕上；目視劍尖（圖 2－14）。

（5）右脚尖外展上步，左脚内扣上步，繼續向右走轉四步；走轉中，上體同時後仰，以腰爲軸，上體向右翻轉 180 度；右手持劍不變，左臂向下、向左、向上弧形繞至左上方，左手劍指扶於右手腕上；目視前方（圖 2－15）。

8. 烏龍擺尾

（1）上動不停，右脚尖外展沿圈向右上步，左脚尖内扣沿圈向右上步，兩膝微屈，向右沿圈走轉四步；同時右手持劍屈肘向右帶劍，劍柄置於額前；左手劍指向下、向左横架於左上方，掌心向外；目視劍尖（圖 2－16）。

圖2-13

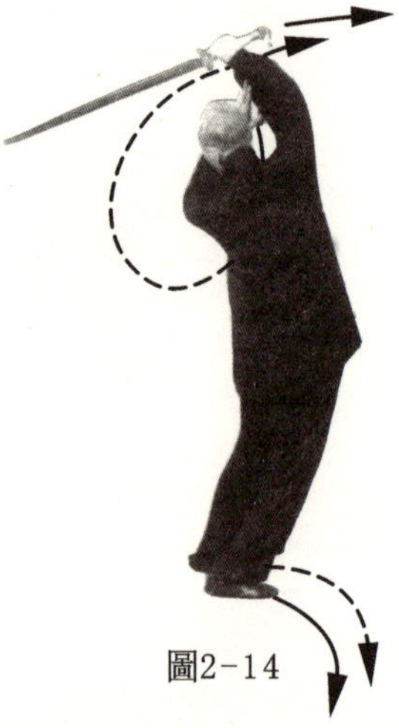
圖2-14

圖2-15

圖2-16

（2）身體重心移至右腿，右腿屈膝半蹲，左腳蹬離地面扣至右小腿後側；同時右手持劍從右向左、向下以弧綫繞至右下方直臂斬劍；目視劍尖（圖 2－17）。

第二段

9. 烏龍絞柱

（1）右腳蹬立，身向左轉，左腳尖外展沿圈向左上步成外擺步；右手帶劍，左手劍指落至胸前屈肘；目視劍尖（圖 2－18）。

（2）左腳尖外展沿圈向左上步成左擺步，右腳尖內扣沿圈向左上步成右扣步；右手帶劍，向左沿圈走轉四步，順勢左轉 90 度；右臂內旋沉腕，劍尖向左置於胸前；左臂伸直，左手劍指置於左上方，掌心向外；目視劍尖（圖 2－19）。

（3）繼續沿圈向左走轉四步，身體順勢左轉 90 度；走轉中，右手持劍直臂上舉，劍尖向上、向前弧形穿至右上方，劍尖向前；左手劍指下落至左胯旁，掌心向下；目視劍尖（圖 2－20）。

圖2-17

圖2-18

圖2-19

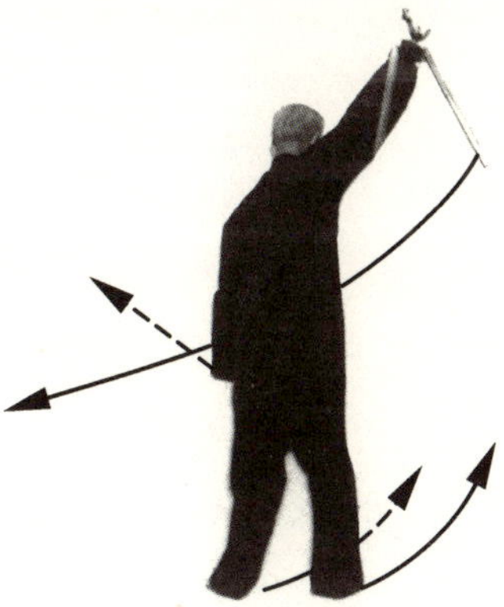

圖2-20

（4）繼續沿圈向左走轉四步，兩膝微屈，身體左轉 90 度，左脚在前；走轉中，右手向下、向前掛劍至體前方，劍尖向下；左手劍指同時向上扶於右手腕處；目視劍尖（圖 2－21）。

（5）左脚尖外展沿圈向左上步成左擺步，右脚尖內扣沿圈向左上步成右扣步；沿圈向左走轉四步，身體順勢向右轉 90 度；同時兩臂屈腕，使劍斜向上，劍尖略高過頭；目視劍尖（圖 2－22）。

（6）右脚尖外展沿圈向右上步成右擺步，左脚尖內扣沿圈向右上步成左扣步；身體順勢右轉 90 度；同時兩臂上舉，肘微屈，提腕，兩臂高過肩，劍尖向右；目視劍尖（圖 2－23）。

（7）右脚尖外展沿圈向右上步成右擺步，左脚尖內扣沿圈向右上步成左扣步；兩膝微屈，以八卦趟沿圈向右走轉四步，同時擰腰向右翻轉 180 度；右手持劍從上向下、向右穿掛至左前方，劍尖向下；左手劍指仍扶於右手腕上；目隨劍走，後視劍尖（圖 2－24）。

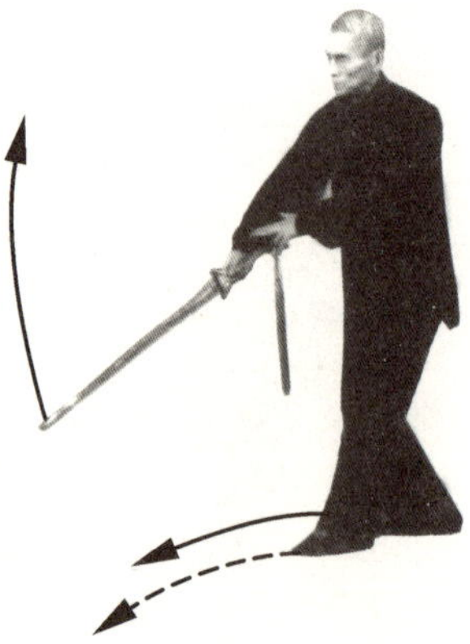

圖2-21

圖2-22

圖2-23

圖2-24

(8) 右脚尖外展沿圈向右上步成右擺步，左脚尖內扣沿圈向右上步成左扣步；兩膝微屈，以八卦趟沿圈向右走轉四步；同時兩臂上舉，雙肘微屈，屈腕使劍垂直向上，劍尖略高於頭；目視劍尖(圖 2－25)。

(9) 右脚尖內扣沿圈向左上步成左擺步，左脚尖外展沿圈向左上步成左擺步；兩膝微屈，續以八卦趟沿圈向左走轉四步(約半圈)，身體順勢左轉 180 度；同時右手持劍臂內旋上舉至頭上方，掌心向外，劍尖向左；左手劍指向右前方平舉；目視劍指(圖 2－26)。

(10) 兩脚繼續沿圈向左走轉四步(約半圈)；同時右手持劍向下、向前、向左後穿劍，劍尖稍高於肩；身體順勢左轉 180 度，左手劍指從體側向前、向上横架於左上方，掌心向外；目隨劍動(圖 2－27)。

(11) 上體姿勢不變，兩膝微屈，右脚起步向圓心上五步；上體左擰，右手持劍，小臂內旋屈肘帶劍至體前，劍尖向左；左手劍指扶於右手腕上；目視劍尖(圖 2－28)。

圖2-25

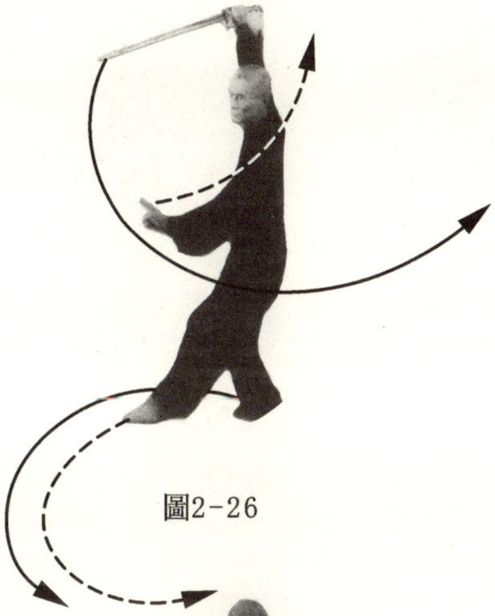

圖2-26

圖2-27

圖2-28

10. 青龍抬頭

上動不停，左脚續向前上步，同時身體右轉180度，兩膝微屈成半馬步；轉身時右手持劍使劍尖向下、向右至體前抖腕上挑於右上方；左手劍指落至左後方，掌心向下，劍指向前；目視劍尖（圖2－29）。

11. 青龍追月

（1）上動不停，右脚起步向前上五步，上第五步時，身體左轉180度，兩膝微屈成半馬步；同時右臂内旋，劍尖從前向左弧形擺劍至右腿前，斜向下方；左手劍指向前平舉、劍指向上；目視前方（圖2－30）。

（2）上體姿勢不變，左脚起步向前上五步，上第五步時，身體右轉90度，兩腿屈膝成馬步；同時右手持劍屈臂上舉横架於頭上方，劍尖向左，掌心向前；左手劍指屈肘收至腹前，掌心向下；目視左方（圖2－31）。

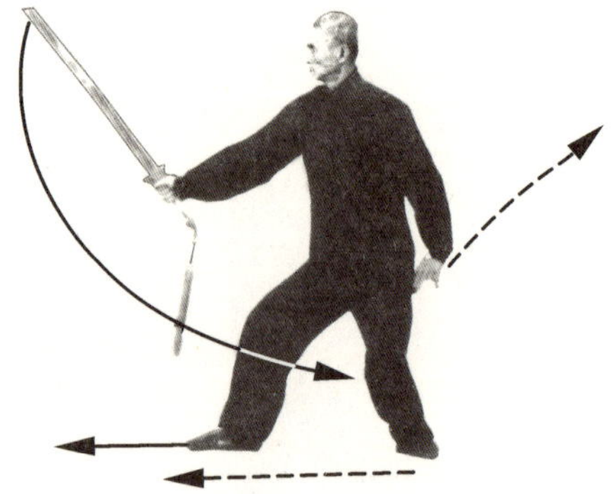
圖2-29

圖2-30

圖2-31

圖2-32

12. 烏龍翻江

（1）身體右轉 90 度，面向圓心，右腳尖外展成半馬步；同時右手持劍向右劈劍至身體右側，劍尖向上；左手劍指向左至身體左側後方，掌心向下；目視劍尖（圖 2－32）。

（2）左腳蹬立，提右膝；同時右臂內旋提腕，劍尖從右上方向下至右膝前，掌心向後；左手劍指從左側後方扶右手腕後回到原來位置；目視劍尖（圖 2－33）。

（3）右腳尖外展向前下落，兩腿屈膝成半馬步；同時右臂外旋翻腕，右手持劍，劍尖向上、向左弧形至體前劈劍，劍尖向上；左手劍指不動；目視劍尖（圖 2－34）。

（4）左腳尖內扣上步，身體向右轉 90 度，兩腳開立屈膝成馬步；同時右手持劍，右臂屈肘，小臂內旋至腹前，劍尖向左，掌心向下；左手劍指向前扶於右手腕上；目視劍尖（圖 2－35）。

（5）右手劍從體前上舉橫架於頭上方，劍尖向左，掌心向前；左手劍指於腹前不動；目視左方（圖 2－36）。

圖2－33

圖2－34

圖2－35

圖2－36

(6) 身體右轉 90 度，背向圓心，右腳尖外展成半馬步；同時，右手持劍向身體右側劈劍，劍尖向上，同肩高；左手劍指至體左後方；目視劍尖(圖 2－37)。

(7) 左腳蹬立提右膝，同時右臂內旋提腕，劍尖從右上方向下至右膝前，左手劍指扶右手腕後回到原來位置；目視劍尖(圖 2－38)。

(8) 右腳尖外展向前落地，兩腿屈膝成半馬步；同時右臂外旋翻腕，右手持劍，劍尖向上、向左弧形至體前劈劍，劍尖向上，同肩高；左手劍指不動；目視劍尖(圖 2－39)。

(9) 左腳尖內扣上步，身體向右轉 90 度，兩腳開立屈膝成馬步；同時右手持劍，右臂屈肘，小臂內旋至腹前，劍尖向左，掌心向下；左手劍指向前扶右手腕；目視劍尖(圖 2－40)。

圖2-37

圖2-38

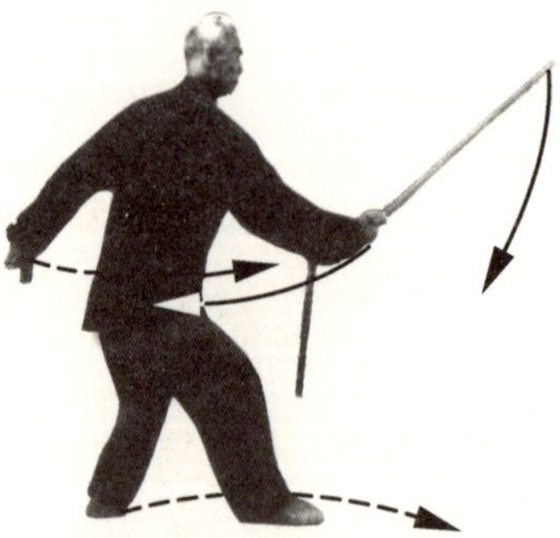
圖2-39

圖2-40

(10) 身體屈膝馬步不動，右手持劍於體前上舉至頭上方橫架，劍尖向左，掌心向前；左手劍指向左至左胯旁，掌心向下，劍指向前；目視左方(圖 2－41)。

(11) 身體右轉 90 度，右腳尖外展成半馬步；同時右手持劍從頭上方向右劈劍至身體右側，劍尖向上，同肩高；左手劍指向左至體左後方；目視劍尖(圖 2－42)。

13. **青龍戲尾**

(1) 上動不停，左腳尖外展向左上步成左擺步；兩膝微屈，身體順勢左轉 90 度；同時右手持劍臂內旋，掌心向後，劍尖向左擺劍至腹前，左手劍指上舉至肩高，掌心向左，劍指向前；目視劍尖(圖 2－43)。

(2) 左腳尖外展沿圈向左上步成左擺步，右腳尖內扣沿圈向左上步成右扣步；兩腳屈膝沿圈向左走轉四步(一小圈)；同時右手持劍繼續向左穿劍，左手劍指位置不變；目視劍尖(圖 2－44)。

圖2-41

圖2-42

圖2-43

圖2-44

(3) 右脚尖外展沿圈向右上步成右擺步,左脚尖内扣沿圈向右上步成左扣步;右脚尖外展沿圈上步,身體順勢右轉 90 度;同時右手持劍從左向前、向右、向上穿劍至右上方,劍尖向上;左手劍指下落至左側,掌心向下,劍指向前;目視劍尖(圖 2-45)。

(4) 左脚尖内扣沿圈向右上步成右扣步,右脚尖外展沿圈向右上步成右擺步;弧形步沿圈向右走轉四步(一小圈);同時右手持劍直臂上舉,腕内旋於頭上方向後,向左雲劍,劍尖向左;目視劍尖(圖 2-46)。

(5) 左脚尖外展向左前方上步,右脚尖内扣向左腿前蓋步;兩膝微屈,兩脚掌向右碾地,身體順勢左轉 90 度;同時右手持劍臂内旋從上向右下方,劍尖向下至體右側下方穿劍;左手劍指上舉,劍指向上;目視劍身(圖 2-47)。

(6) 左脚尖外展沿圈向左上步成左擺步,身體順勢左轉 90 度;同時右手持劍臂外旋,掌心向上於身體右側後方帶劍;左臂屈肘至胸前,掌心向下;目視劍身(圖 2-48)。

14. 蒼龍佈雲

(1) 上動不停,左脚尖外展沿圈向左上步

圖2-45

圖2-46

圖2-47

圖2-48

成左擺步，右脚尖內扣沿圈向左上步成右扣步；兩膝微屈，以八卦趟沿圈向左走轉四小步，身體順勢左轉 90 度；同時右手持劍在走轉中小臂內旋，肘微屈，臂上舉至頭前方，劍尖向左；左手劍指於胸前不動；目視劍尖（圖 2－49）。

（2）左脚尖外展沿圈上步成左擺步，右脚尖內扣沿圈上步成右扣步；兩膝微屈，繼續沿圈向左走轉四步，身體順勢左轉 180 度；同時右手持劍腕外旋，劍尖從左向後、向右於頭上方雲劍平舉於右上方，掌心向後，劍尖向右；左手劍指從胸前向下、向左弧形遶環，屈肘舉於頭部左上方；目視劍尖（圖 2－50）。

15. 烏龍拖尾

（1）上動不停，右脚向右後方退一步，身體順勢右轉 90 度，兩腿屈膝成馬步；右臂內旋，右手持劍向下、向右後方撩劍於體右側方，劍尖向下，掌心向後；左手劍指下落至左側平舉，劍指向前；目視劍身（圖 2－51）。

（2）左脚尖外展沿圈向左上步成左擺步，右脚尖內扣沿圈向右上步成右扣步；左脚尖外展上步，身體順勢左轉 180 度；同時右臂外旋，掌心向上於體側帶劍；左臂屈肘至胸前；目視劍身（圖 2－52）。

圖2-49

圖2-50

圖2-51

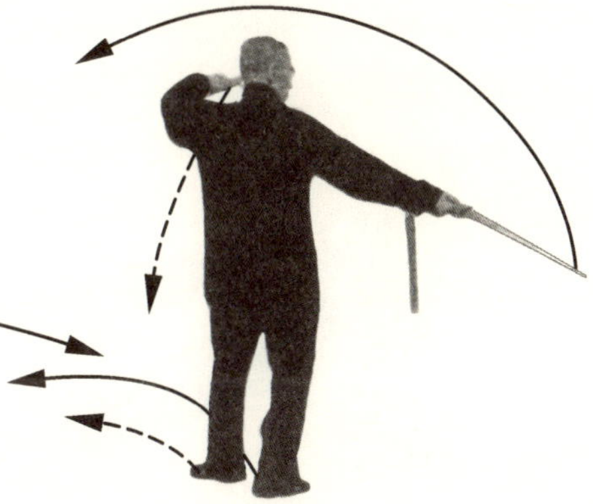

圖2-52

16. 龍掛膀

（1）左脚尖外展沿圈向左上步成左擺步，右脚尖内扣沿圈向左上步，兩膝微屈，弧形步向左走轉四步，身體順勢左轉 90 度；右臂内旋上舉，右手持劍使劍尖向上、向前置於頭上方；左手劍指下落於體左側，掌心向後；目視劍尖（圖 2－53）。

（2）左脚向前上步屈膝，右腿蹬直成左弓步；同時右手持劍向體前下方掛劍；左手劍指微前移；目視劍尖（圖 2－54）。

（3）左腿屈膝全蹲，右腿平鋪成右仆步，身體順勢右轉 90 度；同時右手持劍直臂從前向下、向右順右腿反穿劍，掌心向上；左手劍指向左上方側平舉，掌心向後；目視劍尖（圖 2－55）。

第三段

17. 黄龍吐須

（1）兩脚蹬立，左脚向右前方上步，脚尖内扣；身體順勢右轉 180 度，兩膝微屈；右臂外旋上舉至胸前，劍尖向右上方；同時左手劍指

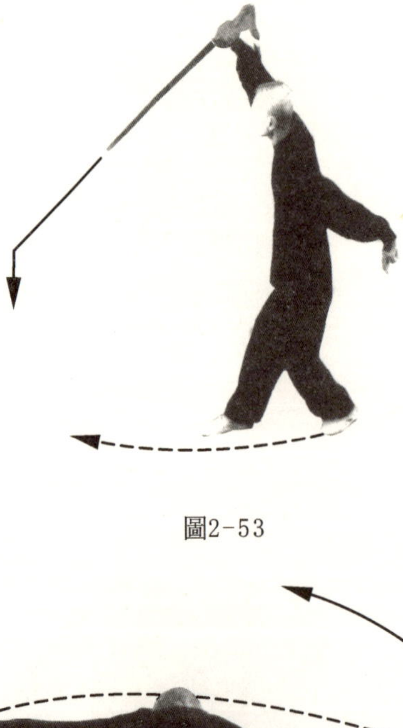

圖2-53

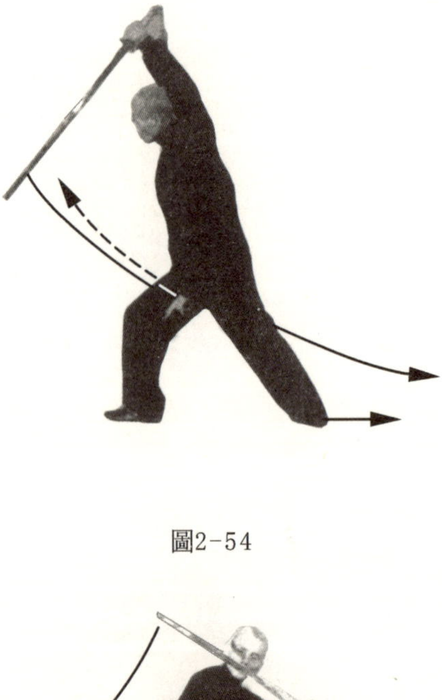

圖2-54

圖2-55

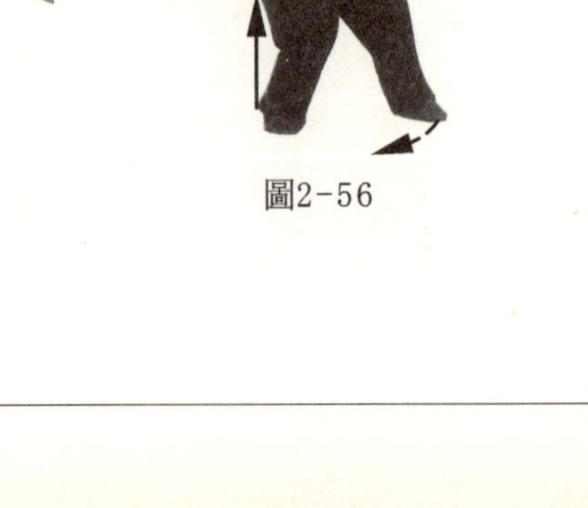

圖2-56

向右扶右手腕；目視劍身(圖 2－56)。

(2) 身體右轉 90 度；同時左腿蹬立，右腿提膝，脚尖向下；右手持劍向前平刺，掌心向上；左手劍指向左後方反臂伸出，掌心向上；目視劍尖(圖 2－57)。

18. 黄龍纏腰

(1) 右脚尖内扣着地，身體順勢右轉 90 度，兩膝微屈、緊扣；同時右臂内旋，肘、腕微屈，右手持劍至腹前，劍尖向左；左臂外旋，屈肘上舉至左側，臂高齊肩，掌心向外，指尖向右；目視右方(圖 2－58)。

(2) 左脚尖外展沿圈向左上步成左擺步，右脚尖内扣沿圈向左上步成右扣步；以八卦趟沿圈向左走轉四步(一小圈)，此時立身於圓圈西綫上，左側向圓心；右手持劍順勢向左穿劍至左前方，劍尖向左；左手劍指扶於右手腕上；目視劍尖(圖 2－59)。

(3) 右脚尖外展沿圈向右上步成右擺步；兩膝微屈，身體順勢向右轉 90 度，此時立身於圓圈西綫上，背向圓心；同時右手持劍從左向右雲劍至頭右上方，左手移至左下方，劍指向下；目視劍尖(圖 2－60)。

圖2-57

圖2-58

圖2-59

圖2-60

(4) 左脚尖内扣沿圈向右上步成左扣步,右脚尖外展沿圈向右上步成右擺步;兩膝微屈,沿圈向右走轉四步(約半圈),身體順勢右轉 180 度;右手持劍從右上方向後、向左、向前、向右平雲劍,劍尖向左上方;目隨劍動(圖 2-61)。

(5) 右脚尖外展沿圈上步成右擺步,左脚尖内扣沿圈上步成左扣步;兩膝微屈,身體繼續沿圈向右走轉四步(一小圈);轉至原位後,身體順勢左轉 90 度;同時右臂内旋,右手持劍從上向下至右後方,劍尖向左;左臂上舉於胸前屈肘内旋,左掌心向外;目隨劍動(圖 2-62)。

(6) 左脚尖外展沿圈向左上步成左擺步;兩膝微屈,身體順勢左轉 45 度;同時右臂内旋,右手持劍帶至右側方,劍尖向下;左臂伸直,腕微屈,平舉於左側方,劍指向前;目視右方(圖 2-63)。

19. 黄龍拖尾

(1) 左脚尖外展沿圈向左上步成左擺步,右脚内扣沿圈向左上步成右扣步;上體向右擰身,右手持劍小臂外旋於體右側帶劍,掌心向上,劍尖在體右側;左臂屈肘,左手劍指收於右肩前;目視劍身(圖 2-64)。

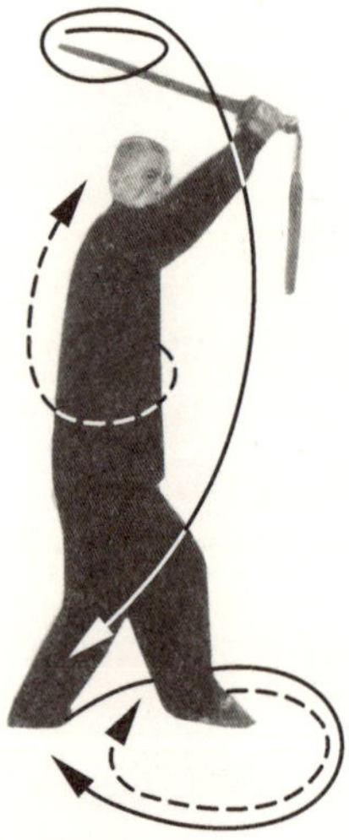

圖2-61

圖2-62

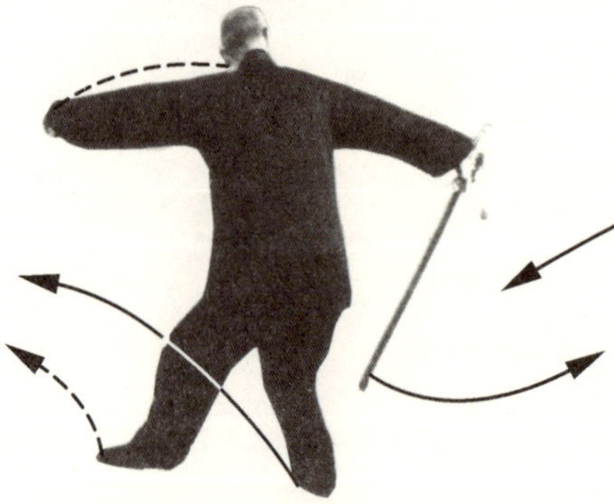

圖2-63

圖2-64

(2) 左脚尖外展沿圈上步成左擺步，右脚尖內扣沿圈上步成右扣步；兩膝微屈，以八卦趟向左沿圈走轉六步；在上第六步時，身體順勢左轉 180 度；同時右臂帶劍平舉，掌心向上；左臂向右平伸，劍指扶右肩前；目視左方(圖 2－65)。

20. 蒼龍游身

(1) 左脚尖外展沿圈向左上步成左擺步，右脚尖內扣沿圈向左上步成右扣步；身體順勢左轉 45 度，此時立身於圓圈南綫上，身體左側向圓心；同時右手持劍向前、向左上方雲劍，劍尖向左；目視前方(圖2－66)。

(2) 左脚尖外展沿圈向左上步成左擺步，右脚尖內扣沿圈向左上步成右扣步；同時右手持劍，右臂外旋向右側平舉，劍尖繼續向後、向右雲至右側，掌心向上；左臂伸直，劍指從右肩前向下、向左平舉，屈腕，掌心向外；目視右方(圖 2－67)。

(4) 身體重心移至左腿，以兩脚掌爲軸向左碾地，身體順勢向左轉 90 度；右腿直膝向前平舉，脚面綳平；同時右手持劍向前撩劍，劍尖略高於肩，臂直，掌心向上；左手劍指於體左側平舉；目視劍尖(圖 2－68)。

圖2-65

圖2-66

圖2-67

圖2-68

（4）上動不停，身體繼續左轉 180 度，左腿支撐，右腿隨向左掃轉屈膝，腳尖內扣向下；右臂位置不變，隨身體轉動；左臂內旋下落至左側後方，掌心向上；目視劍身（圖 2－69）。

21. 青龍獻爪

（1）右腳向左前方外展落地，身體順勢左轉 180 度，兩膝微屈；兩臂屈肘於胸前，兩腕靠緊，兩掌心向上；劍尖向右，劍指向左；目視劍尖（圖 2－70）。

（2）左腳尖內扣沿圈向右上步成左扣步，右腳尖外展沿圈向右上步成右擺步；兩膝微屈，以八卦趟沿圈向右走轉四步，身體順勢右轉 180 度，此時立身於圓圈東綫上，背向圓心；走轉之中，兩掌向左、右分展；目視劍尖（圖 2－71）。

（3）左腳尖內扣沿圈向右上步成左扣步，右腳尖外展沿圈向右上步成右擺步；繼續沿圈向右走轉四步，然後左腳尖內扣上步，身體順勢右轉 90 度，此時立身於圓圈南綫上，背向圓心；兩掌續向左、右分展，右手持劍舉至右側方，劍尖向右，高齊肩；左手劍指至體左側，掌心向上，高齊肩；目視劍尖（圖 2－72）。

圖2－69

圖2－70

圖2－71

圖2－72

22. 青龍吐須

（1）上動不停，身體左轉 90 度；右腳向右後方退一步，右腿蹬直，左腿屈膝成左弓步；同時右手持劍從右向上、向左弧形掛劍至左上方，劍尖向下；左手下落至左胯旁，劍指向前，掌心向下；目視劍尖（圖 2－73）。

（2）左腿屈膝全蹲，右腿向右平鋪伸直成右仆步，身體順勢右轉 90 度；同時右手持劍從左向下、向右順右腿內側反臂穿劍至右下方，掌心向後，立掌；左手劍指從左向上、向右經胸前弧形向左穿出側舉；掌心向前；目隨劍動（圖 2－74）。

（3）左腿蹬直，身體順勢右轉 90 度，右腿屈膝成右弓步；同時右臂屈肘，小臂外旋，右手持劍收於腹前；左手劍指變掌屈肘於腹前抱劍；目視劍身（圖 2－75）。

（4）右腳蹬地，直膝，上體後仰；左膝微屈，同時兩手抱劍上舉至頭上方，劍身平，劍尖向後，頭後仰；目視劍尖（圖 2－76）。

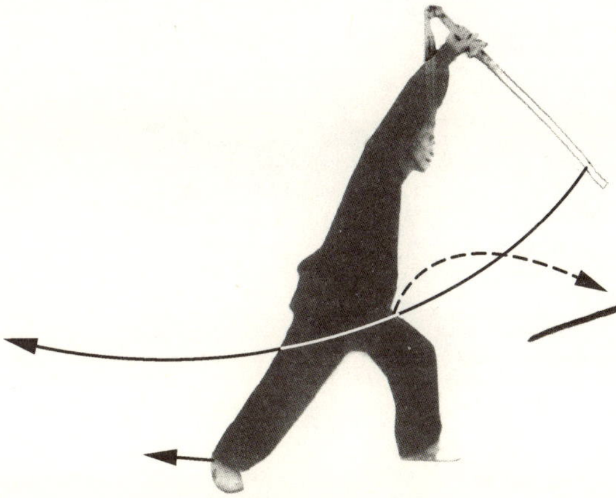
圖2-73

圖2-74

圖2-75

圖2-76

(5) 身體繼續後仰到最大限度；兩手抱劍繼續向後方刺出，臂直，劍尖向後；目視劍身(圖 2－77)。

(6)兩脚跟爲軸，脚掌向左同時碾地，身體向左轉身 180 度；右腿蹬直，左腿屈膝成左弓步；兩手抱劍隨身體翻轉於胸前刺出，劍略高於肩，立劍；左手成劍指扶右手腕；目視劍身(圖 2－78)。

23. 蒼龍攪海

(1) 上動不停，右脚蹬地，右腿直立；左腿提膝，脚尖向下扣襠，身體順勢右轉 90 度；同時右手持劍從前向下、向右撩劍至體右側方，劍尖向下；左手劍指從右手腕處向左側平舉，劍指向左；目視左前方(圖 2－79)。

(2) 左脚尖外展向前落步，左腿屈膝，重心前移，右脚跟提起，上體順勢左轉 90 度擰腰成左叉步；同時右手持劍從右向上、向前劈劍，立劍，劍高齊肩；左手劍指向下、向右、向左弧形繞至右手腕處；目視劍尖(圖 2－80)。

圖2-77

圖2-78

圖2-79

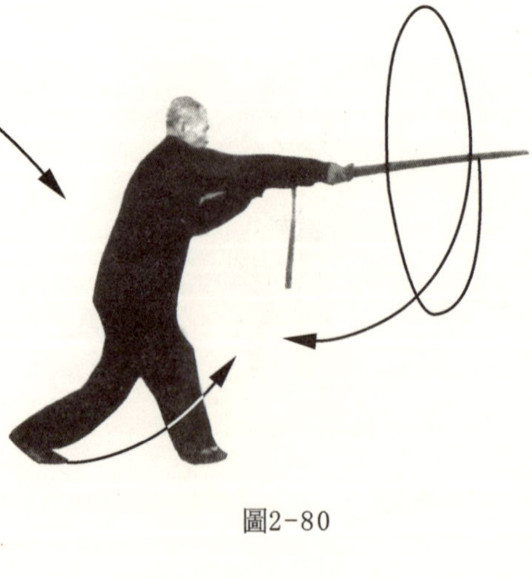

圖2-80

24. 青龍翻身

（1）右手持劍，劍尖向下、向左、向上、向右立繞一周至體前下方；同時身體左轉 90 度，左腿蹬立，右腿提膝，脚尖向下内扣；目視劍尖（圖 2－81）。

（2）右脚向左腿前方蓋步屈膝，左脚根提起，身體重心移至右腿；同時右手持劍從右下方向左、向上至右側方掛劍平劈；左手向左側平舉，掌心向前，劍指向左；目視劍身（圖 2－82）。

（3）兩脚不動，微含胸；右手持劍，右臂内旋向下掛劍於體前；左臂不動，左腕内旋，左手劍指向前，手高同肩；目視劍尖（圖 2－83）。

（4）兩脚掌碾地，身體向左翻轉 180 度，兩膝微屈，擰腰轉胯，上體微後仰；同時右手持劍隨身體翻轉繼續掛劍至頭上方，劍尖向左；左手劍指於體左側隨身體翻轉；目視劍尖（圖 2－84）。

（5）身體繼續向左翻轉 180 度，此時，立身於圓圈南綫上，面向圓心；兩膝微屈，兩脚開立；右臂内旋，右手持劍同時向下、向左弧形穿劍，劍尖向左，掌心向上；左手劍指從左屈

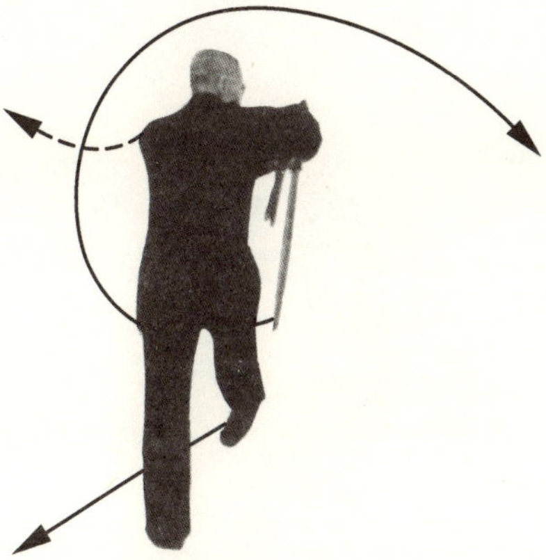

圖2-81

圖2-82

圖2-83

圖2-84

肘至腹前扶於右手腕上；目視劍尖（圖 2－85）。

（6）右腳尖外展沿圈向右上步成右擺步，身體順勢右轉 90 度，兩膝微屈；同時右手持劍直臂向右上方削劍，劍尖至體前方向上；左手劍指從左向下、向頭上方橫架，掌心向前；目視劍身（圖 2－86）。

第四段

25. 龍佈雲

（1）上動不停，左腳尖內扣沿圈向右上步成右扣步，右腳尖外展沿圈向右上步成右擺步；兩膝微屈，以八卦趟沿圈向右走轉六步，身體順勢右轉 90 度；同時右臂內旋屈腕，劍從右前方向左擺劍，劍身斜橫於胸前，劍尖向左；目視劍身（圖 2－87）。

（2）右腳尖內扣沿圈向左上步成右扣步，左腳尖外展沿圈向左上步成左擺步；兩膝微屈，沿圈向左走轉四步，身體順勢左轉 90 度；同時右臂微屈肘於胸前，掌心向下交劍於左手；左臂外旋屈肘，左手劍指從頭上方下落於胸前，掌心向上接劍；目視劍尖（圖 2－88）。

圖2-85

圖2-86

圖2-87

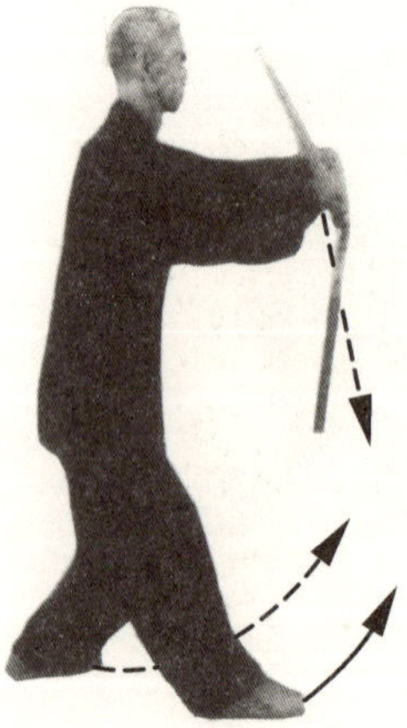

圖2-88

（3）右脚尖内扣沿圈向左上步成右扣步，左脚尖外展沿圈向左上步成左擺步，身體順勢左轉90度；同時左手反握劍柄、臂上舉，於頭上方小臂内旋雲劍一周半，劍尖至左後方；右手劍指下落於體右側下方，劍指向前；目視前方（圖2－89）。

（4）右脚尖内扣沿圈向左上步成右扣步，左脚尖外展沿圈向左上步成左擺步；兩膝微屈，以八卦趟沿小圈向左走轉四步（一小圈），兩脚并立，兩膝微屈半蹲；同時左手持劍直臂從頭左側方下落至體後方，劍尖向上；右手劍指從體側向後至體後方反握劍柄接劍，虎口向下；目視前方（圖2－90）。

26. 蛟龍戲水

（1）右手反手接劍從身後向右上方提劍，劍尖從上向左、向下至右下方，虎口向上；同時右脚蹬地，右腿直立支撑，左腿提膝，脚尖内扣向下；左手劍指從身後移至體左側，指尖向前，掌心向下；目視左方（圖2－91）。

（2）左脚尖外展向前落步，右脚向左前方上一大步，左腿蹬直，右腿屈膝成右弓步；身體順勢左轉90度；同時右手反握劍向前掛劍至右膝外側，劍尖向前；左手劍指向上翻腕横架於頭上方，掌心向前；目視劍尖（圖2－92）。

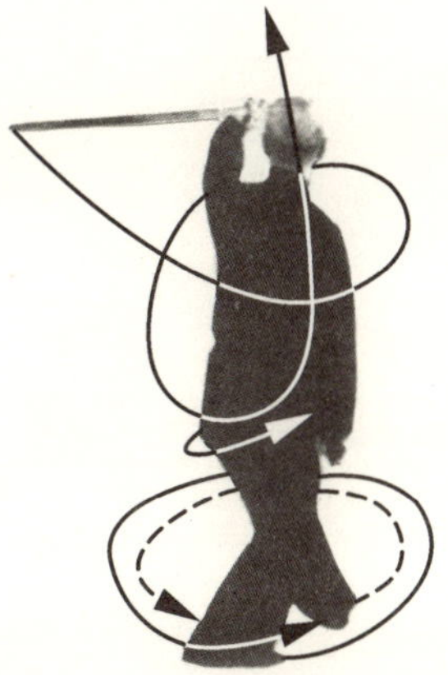

圖2-89

圖2-90

圖2-91

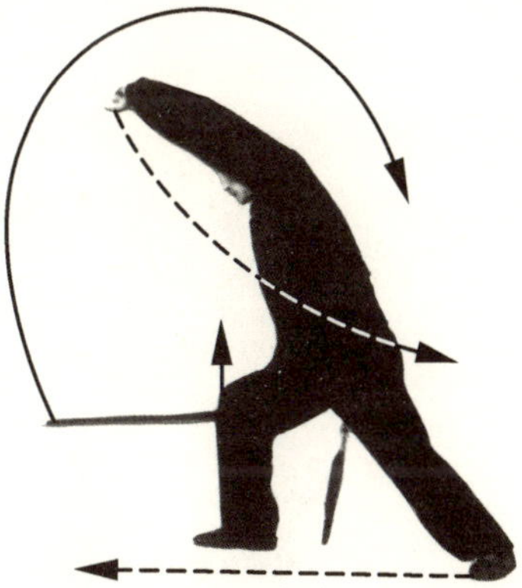

圖2-92

（3）左脚向前上步，身體順勢右轉 90 度；重心移至左脚，左腿直立，提右膝，脚尖內扣向下；右手反握劍向上、向左掛劍，劍尖於體左側上方向下；左手劍指掛劍時下落至左胯旁，劍指向下；目視劍尖（圖 2－93）。

（4）右脚向右側落步，身體順勢右轉 180 度；左脚上步，左腿屈膝，右腿蹬直成左弓步；同時右手反握劍向下、向右、向上反掛劍至左前方，劍尖向上；左手劍指從體側向上扶右手腕後下落至左後方；目視劍尖（圖 2－94）。

（5）身體繼續右轉 180 度；同時右脚向左後方退一步，兩膝微屈；右手反握劍繼續向上、向右掛劍至右胯旁，劍尖向右；左手劍指從下向上平舉，指尖向左，掌心向前；目視劍尖（圖 2－95）。

27. 蛟龍出洞

（1）身體重心移至右腿，右腿蹬直，提左膝；右手反握劍不動；左手劍指從左側上架於頭上方，掌心向前；目視劍尖（圖 2－96）。

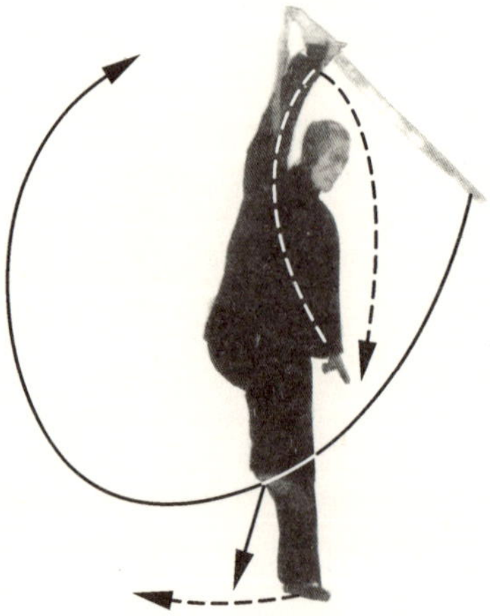

圖2-93

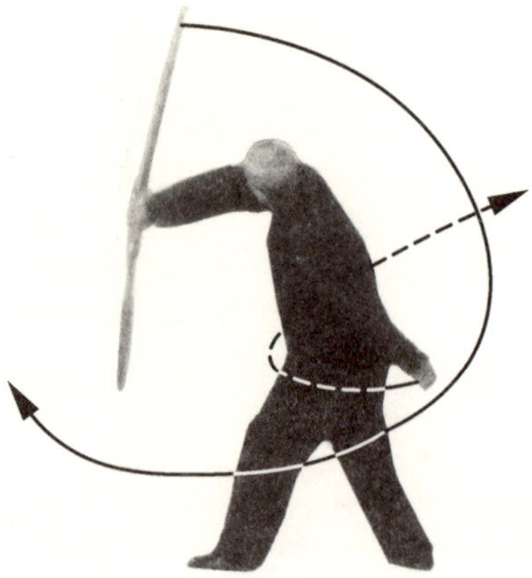

圖2-94

圖2-95

圖2-96

（2）左脚尖外展向左側落步；身體向左轉 180 度，兩膝微屈，右脚跟提起；右手反握劍，劍柄在前向上、向前、向下掛劍至體前方，劍尖斜向右上方；左手劍指下落扶右手腕處；目視劍身（圖 2－97）。

（3）右脚繞過左脚向左脚前蓋步，身體順勢左轉 90 度，兩膝微屈；同時右手反握劍，臂外旋，劍柄在前向下、向左、向上、向右掛劍至右下方，右掌心向前，劍尖向左；左手劍指從右手腕處向下、向左至左側平舉，掌心向後，劍指向前；目視劍尖（圖 2－98）。

（4）兩脚掌碾地，身體順勢向左翻轉 180 度；左腿屈膝，右腿蹬直成左弓步；同時右手反握劍、劍尖從下向上、向左掛劍至頭上方，劍尖向左前方；左手劍指隨身體轉動下落於體左側；目視劍身（圖 2－99）。

（5）身體右轉 90 度，左腿蹬直，右腿屈膝。成右弓步；右手反握劍從上向下、向右反穿劍至右前方，劍尖向前。左手劍指微向後移，掌心向上，劍指向後，拇指一側向右；目視劍尖。（圖 2－100）。

圖2-97

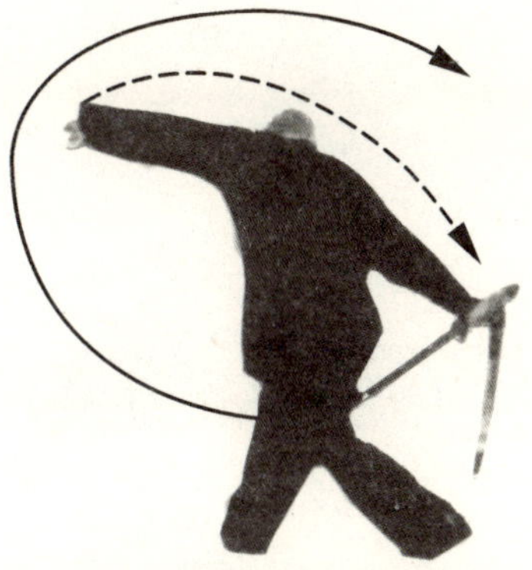

圖2-98

圖2-99

圖2-100

28. 神龍騰空

（1）右臂外旋，右手向上抛劍；兩腿不動；左手劍指不動；目視劍身（圖 2－101）。

（2）右臂伸直，右手接住劍柄（正握劍），掌心向上；左脚尖外展沿圈向左上步，身體順勢左轉 90 度，右脚掌向左碾地；左臂上舉屈肘於胸前，劍指向右，掌心向前；目視劍尖（圖 2－102）。

29. 神龍拖尾

右手帶劍，左手劍指位置不變；左脚尖外展沿圈向左上步成左擺步，右脚尖内扣沿圈向左上步成右扣步；兩膝微屈，以八卦趟向左沿圈走轉四步，身體順勢左轉 90 度；然後，右手持劍從右側向左平抹劍至胸前屈肘交劍於左手，劍尖向左，掌心向下；左手劍指變掌，左臂屈肘外旋，掌心向上接劍柄；目視劍身（圖 2－103）。

30. 蒼龍返宫

（1）左脚尖外展沿圈上步成左擺步，右脚尖内扣沿圈上步成右扣步；身體順勢左轉 90 度，左側向圓心；同時左手持劍，臂上舉内旋，劍尖於左上方向後、向右，向前雲劍一周半；

圖2－101

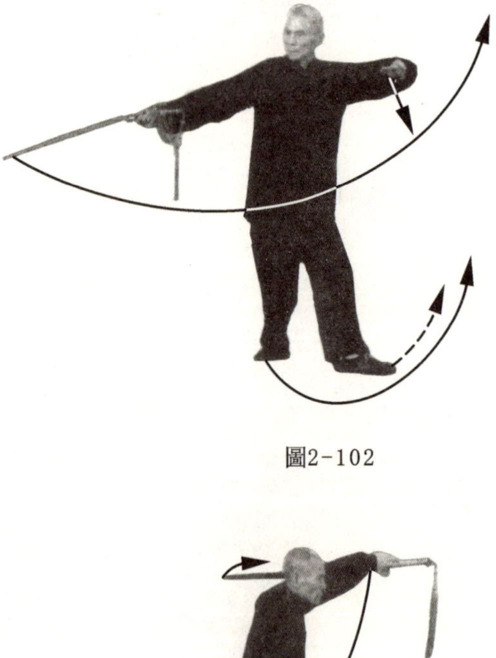

圖2－102

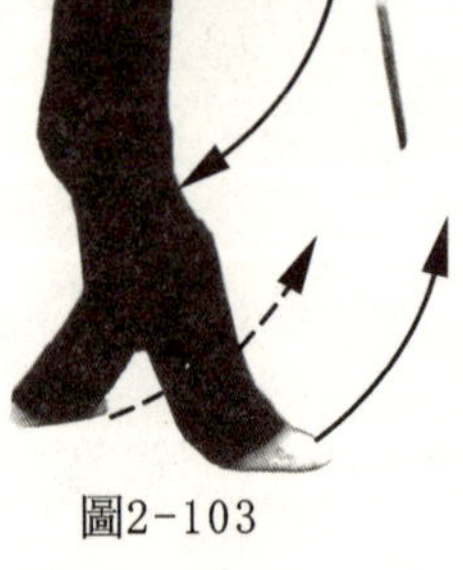

圖2－103

圖2－104

身體順勢左轉 90 度；右手將劍柄交於左手後即握成劍指從胸前下落於右胯旁，劍指向前下方；目視前方（圖 2－104）。

（2）身體順勢左轉 90 度，同時右脚向左脚前上步；左臂下落於體左側前方，劍身緊貼小臂後側，肘微屈，劍尖向上；右手劍指位置不變；目視前方（圖 2－105）。

（4）右脚掌向左碾地，屈右膝；左脚向左前方上步，膝微屈，脚尖輕點地面成高虛步；身體順勢左轉 90 度，此時立身於圓圈東綫上，右側對圓心；同時左臂微屈肘反握劍隨身體轉至體左側，掌心向後；右手劍指經體前向左扶於左小臂處；目視劍尖（圖 2－106）。

31. 無極式

（1）重心前移於左腿；右脚向前上步與左脚并立，兩膝微屈；同時右手劍指向下，向右、向上弧形至頭右側上方，掌心向右、劍指向上；左手持劍不動；目視前方（圖2－107）。

（2）兩腿直立，同時右手劍指從右耳側向下落於身體右側，掌心向下；左手持劍不動；目視前方（圖 2－108）。

圖2-105

圖2-106

圖2-107

圖2-108

三 對 擒 拿

擒拿淺説

武術是一項獨具我國傳統技擊方法的民族形式體育項目，其表現形式有兩種：第一是以中國式的踢、打、摔、拿、擊、刺、掄、扎等擊法爲素材，按照技擊法則和需要而纂編成的套路運動形式，包括各種拳術、器械、對練和集體項目套路。第二種是技擊運動形式，這種競技對抗性形式包括散打、推手、擒拿、短打、摔拌、劈刺以及短兵等實用技術。技擊術嚴格按照技擊法則和競賽規則，使用各種方法進擊對手以求取勝。

上述兩種運動形式中，擒拿技術在構成中國武術體系的内容之中有重要地位，從而極大地豐富了武術的内容，促進了武術運動的發展。

擒拿技術，可分爲擒拿術和對擒拿套路技術兩類。

擒拿術是一種應敵捕捉技術。它在人們遇到不能使用或不準使用武器時常常配合其他技擊法，利用人體關節、穴道和要害部位的弱點，對對方進行反側關節、分筋挫骨、點穴暈死，使對方身體局部産生超功能限度的活動和强烈的劇痛，失去反抗能力，從而束手就擒。

擒拿技術包括主動擒敵、解脱擒敵、奪兇器擒敵等技術。

擒拿手法

擒拿手法較多，有“七十二拿法”之説。如常用的踢襠、跨欄、携腕、小纏、大纏、端燈、牽羊、盤腿、卷腕、繼臂等方法。基本手法概括爲：截、點、搬、分、封、鎖、扣、壓、擰、轉等法。根據關節活動現舉例如下：

(1) 拿法：雙手抓握對方肢體關節，使其内旋或外旋，稱裹拿或外拿。

(2) 纏法：雙手抓握對方遠端，使關節扭屈，有小纏和大纏。

(3) 背法：將對方的肢體關節背負在背上，使其過度伸展，如：背肩、背肘。

(4) 卷法：使關節過度屈曲；如：卷肘、卷腕、卷指。

(5) 壓法：用力向下使肢體關節超出活動限度，如：壓腕、別肩、別肘、壓腿等。

(6) 展：使關節過度伸展，如：展臂、展指。

(7) 蹬：蹬踹對方腿部，使關節過度内翻或外翻，如：蹬小腿。

(8) 抱：雙手環抱，使對方肢體不能運動，如：抱腿、抱臂、抱腰等。

(9) 轉：迫使肢體關節過度扭轉，如：錯頸，轉臂。

(10) 鎖：使活動之部位固定不動或使功能受阻或氣絶，如：鎖喉、鎖肩臂。

(11) 分：施力分離關節的正常部位，如：分指。

(12) 抓：抓住對方要害部位，使其不能活動，如：抓陰部。

(13) 推：使身體關節遠離身體重心；如：撑顎、推頸、端耳等。

(14) 搬：使關節過度轉展，如：搬頭、搬腿等。

(15) 樞：用指深掐五官等要害部位，有摳眼、摳鼻、摳腮、掐肩等招數。

(16) 托：緊握肢體一端，反關節用力上托，如托肘。

(17) 點：進攻穴道，有點死穴、暈穴、啞門穴等。

(18) 别：利用杠杆原理施加以力。如：抓腕、别臂等。

套路對擒拿，就是運用擒拿術的各種手法和各種擊法，互相進行擒拿與解脱的假設性的實戰固定動作的練習。對擒拿的套路是吸收了擒拿術的精華，繼承了套路運動形式，變成了一種體育與技擊結合的藝術結晶。

擒拿技術的要訣

擒拿技術在實戰中必須做要：

(1) 膽大：古人説"膽大藝更高，藝高膽更大"，這是一條重要的實戰經驗。所謂"膽大"是指臨陣殺敵時的膽略。在套路演練時，要表現出勇猛頑强、機智靈活的戰鬥風格。

(2) 力雄：身體壯，力氣雄，這是學習和運用擒拿術的必備條件；是戰鬥取勝的物質基礎。俗話説："要毒要狠，力量爲本。""百巧百能，無力不行。"都説明力雄是習武之要素。如果一個人手無縛鷄之力，那怎能在緊張激烈的殊死搏鬥中戰勝敵人而保存自己呢！所以身體好，力氣雄，本力厚的人，才能最快地掌握擒拿技擊方法和戰略、戰術；才能最有效地臨陣應敵自如；才能巧妙地使用避實擊虚、虚實并用、以剛制剛、剛柔相濟等方法；才能將敵人攻擊之猛力引進落空。本力雄，還應懂得節約體力，學會：①望勁：即知來力之大小，着力部位。②懂勁：即知來力之剛柔、虚實、變化。③借勁：即借他人之力還擊他人，即四兩撥千斤。④巧力：即用力使粘、連、綿，隨勁纏於敵手，遇機突發，這樣就能在交手時處處主動。

（3）準確：俗話説："踢打不準，猶如跳井。"因爲各種擒拿與解脱法，不但技術非常復雜、規格十分嚴謹，而且在使用時必須精細準確，否則後果不堪設想。擒拿術力求反側關節要超過其生理限度。點穴時要集中全身之力於一點擊其要害，法到力到，力到必擊中，力求"手到擒拿"。

（4）快速：武術競技十分强調"拳似流星眼似電，伸手擒拿快打慢。"擒拿術是應敵防身之術。因此，快速的擒拿與解脱，能使自己主動靈活；能一快制百慢；能在快速中赢得取勝的時間；快速能捕捉戰機攻其不備；快速可以尋求敵人弱點，以逸待勞；多變戰法，充分發揮自身特長，閃電般地捕獲敵人。快速又是建立在準確的基點上，隱藏於慢速之中的。因此，要求在快中求準，快中求穩，快中求活，快中求巧。要伺機而動，因人而异，切不可百合一法，千篇一律。要在快速中寓絶技於一般動作之内。在戰術上做到"彼不動，我不動。"以逸待勞，以静制動；"彼若動，我先動。"以期先發制人或後發先至。因此，出手快打慢，絶招藏於一般。

（5）狠毒：擒拿術本身就是以反側關節、點穴窒息、分筋碎骨爲目標，因而臨敵必須心狠手毒，否則將爲敵人所俘獲。心狠是指對敵人不留情，只有制敵人於死地，而後才能保全自己。而手段毒辣，是指：①靠：靠近敵身，攻其要害；②粘：粘則敵人四肢和頭身要緊，以防其滑逃；③牽：即最大限度地牽伸敵人各關節，使被擒拿部位超過其生理極限；④側：反側其各關節，使之旋折；⑤截：即在擰旋中突然猛力壓截被拿關節；或用剛爆之勁擊點敵人要穴使之窒息。只有心狠手毒，才能使靠、粘、牽、側、截統一於一體，在一瞬間完成才能出其不意地擒住敵人。

以上是運用擒拿術的五要訣。套路對擒拿可稱爲擒拿術之精華，套路練習中除狠毒一訣外，其他四訣皆能充分地表現出來。

對擒拿譜

1. 預備勢
2. 弓步貫拳
3. 外拿抓胸
4. 擰腕斷臂
5. 拉臂撇肘
6. 弓步小纏
7. 抱腕壓肘
8. 弓步推肘
9. 卷臂托肘
10. 横步外拿
11. 鎖臂卷腕
12. 抓頭封喉
13. 含胸截腕
14. 頂腰搬腮
15. 退步外拿
16. 轉身背摔
17. 點穴按腿
18. 擰腕撕翅
19. 抓頭搓面
20. 含胸斷指
21. 頂腰摳鼻
22. 退步外拿
23. 轉身背摔
24. 頂腰抓髪
25. 轉身旋腕
26. 轉身冲拳
27. 卷拳托肘
28. 抱腰頂肘
29. 拉臂斷肘
30. 錯臂抱摔
31. 仰撞搬腿
32. 拖腿前蹬
33. 搶背打挺
34. 收勢

對擒拿動作圖解

1. 預備勢

甲在左,乙在右,二人立正平行站立於一橫綫上,相距一步,平視前方(圖 3-1)。

要求:頂頭,頸直,挺胸,收腹,直背,立腰落臀,并腿挺膝,兩臂自然下垂。

2. 弓步貫拳

甲:身體左轉 90 度,退左脚成右弓步;右掌握拳隨轉體經腹前向左、向上、向前劃弧擺至面部前方,高與鼻平,拳眼向右,拳心斜向上,目視右拳;左掌變拳至左腿外側,拳眼斜向前下方;目視右拳。

乙:在甲轉身同時,身體右轉 90 度,退左脚成右弓步,與甲相對;右掌握拳隨轉體經腹前向左、向上、向前劃弧至面部前與甲右小臂相靠,拳眼向上;左拳至左腰間抱拳;目視右拳(圖 3-2)。

要求:兩人同時運動;兩臂相靠成十字交叉,貫拳有力;右腿彎曲,左腿挺膝伸直。

3. 外拿抓胸

乙:左拳變掌從腰間經腹前向上,掌心向外抓握甲右小臂向外擰旋至掌心向上;同時右拳變掌稍屈肘,右臂向後、向上舉,與頭平;右臂續内旋使掌心向前,然後向前伸臂,右掌緊貼甲胸部抓握衣服,屈肘回拉;左手隨之向下、向左側後擺;目視甲臉部。

甲:在乙出左手同時左脚跟提起,身體微前傾,右臂内旋向後擺動(圖 3-3、圖 3-4)。

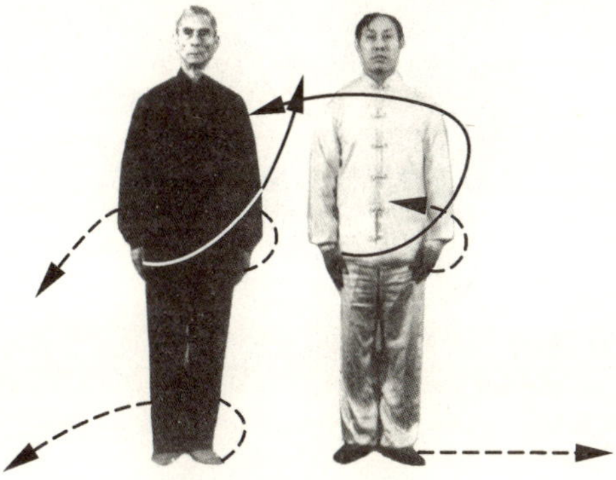

圖3-1

圖3-2

圖3-4

圖3-5

要求：抓握甲右小臂時要快速有力，旋臂成螺旋勁解脱。

4. 擰腕斷臂

甲：右拳變掌向外、向上、向胸前按壓於乙右手背上，并抓握乙右掌小指一側；同時身體重心移至左腿，右腿屈膝上抬向右前方落步成右弓步，身體右轉 90 度；左臂屈肘由左後方向外、向上以肘壓於乙右肘上；目視左肘。

乙：在甲向右轉身時，左脚向左前方上步，右腿蹬直成左弓步；身體順勢左轉 90 度，上體向前俯身；同時反伸右臂，左臂向左側反臂伸出，掌心向上；目視甲面部（圖 3－5、圖 3－6）。

要求：甲右手抓按乙右手背扣腕時，必須先挺胸後含胸，再挺胸右旋轉體擰腕下壓，左肘從上向下壓以迫使乙右臂伸直内旋。

5. 拉臂撇肘

乙：兩脚不動，左掌從左側經胸前屈肘向右斜上方伸出，掌心向上，虎口朝内抓握甲左

圖3－5

圖3－6

圖3－7

圖3－8

手腕向左、向下拉壓；同時身體向上、向左擰轉；右臂伸直內旋；目視甲頭部。

甲：上體順勢前傾，右手繼續抓握乙左手，兩腿不動；目視地面（圖 3－7、圖 3－8）。

要求：乙拉臂時，轉體撇肘，內旋右臂，同時完成；甲步型不變，身體前俯。

6. 弓步小纏

甲：抬頭目視乙方，身體上抬，左臂屈肘下壓；左脚向左前方上一步；身體左轉，右脚向乙的左側跨一大步，左脚隨身體左轉上一步落於乙的左脚內側，面對乙方；同時右手由胸前向上、再向下抓壓乙左手指；左脚提起，續向左前方邁出成左弓步，左腕外翻隨轉體下截，拉抱於左胸前；目視乙方。

乙：上右脚、右腿屈膝，左腿蹬直成右弓步；身體前俯，右臂向右後方伸直，反臂，掌心向上；目視甲方（圖 3－9、圖 3－10、圖 3－11、圖 3－12）。

要求：小纏時要抓緊，左掌要旋腕下截。

圖3-9

圖3-10

圖3-11

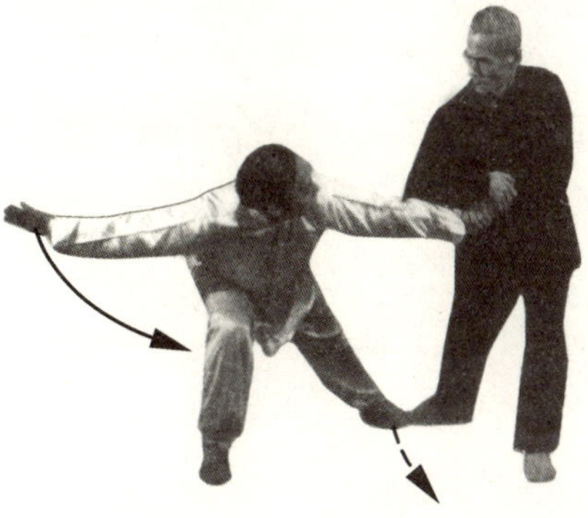

圖3-12

7. 抱腕壓肘

乙：左臂屈肘下壓，身體上抬，左脚向前上一步，左轉身上右脚於甲左側，身體順勢左轉，面對甲；抬左腿向左側落地，右腿蹬直，左腿屈膝成左弓步；同時右臂從右側屈肘翻腕，掌心向上，順甲左腕抱緊向下、向左拉抱於左腰際，并用右肩下壓甲左肘；目視甲方。

甲：上右脚成右弓步，身體前傾；右臂伸直反臂向右斜後上擺動，掌心向上；目視乙方（圖 3－13、圖 3－14、圖 3－15）。

要求：乙右手上穿抱腕時先向上，再利用上體前俯側轉以帶動壓腕肩，壓肘。

8. 弓步推肘

甲：左臂屈肘外裹，身體上抬，上左脚；身體左轉，上右脚於乙左側方，目視乙方；同時右掌從右側向前屈肘擺動，扶推乙左肘；

圖3-13

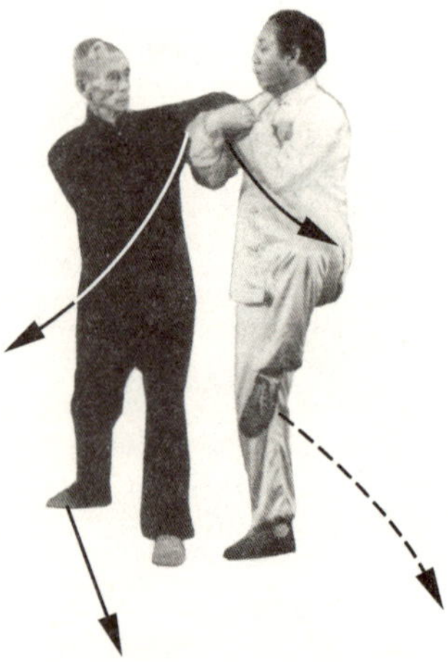

圖3-14

圖3-15

圖3-16

左手向左下拉乙左臂；右手下推壓其乙肘部使之反臂挺直；抬左腿向左側斜落步成左弓步，上體竪直；目視乙方。

乙：被迫提右膝上右脚屈膝成右弓步，上體前俯；右臂伸直向右斜後擺動，反臂掌心向上；轉頭目視甲臉部（圖 3－16、圖 3－17、圖 3－18、圖 3－19）。

要求：轉體拉臂、推肘要一致。

9. 卷臂托肘

乙：左脚上步插於甲兩脚之間，身體右轉；左臂屈肘上抬前頂，卷握甲左腕；同時右掌從後向前搬推甲左肘使其彎曲，左掌順勢托其肘向上；右腿蹬直成左弓步，身體前壓；目視甲方。

甲：身體順勢微右轉，面對乙方；右腿屈膝成右弓步；左肘被迫先推向上，再向後，身體後仰；左腿屈膝下跪；自視乙方（圖 3－20、圖 3－21、圖 3－22）。

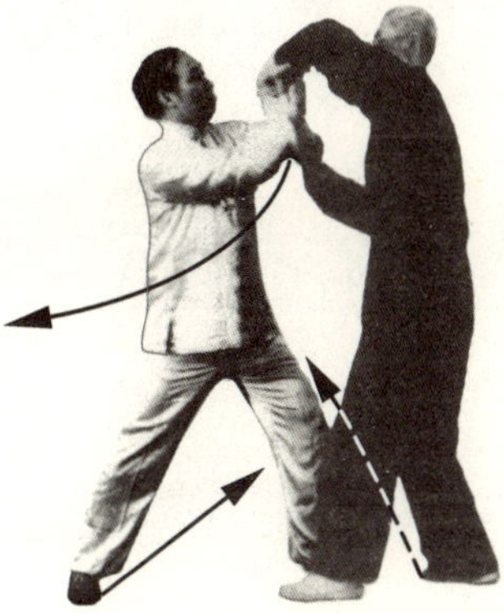

圖3－17

圖3－18

圖3－19

圖3－20

要求：乙插襠時要靠身屈肘，搬肘時先截後托，卷臂托肘要及時、協調。

10. 橫步外拿

甲：右掌心向上，虎口朝下，抓握乙左掌向上、向右朝下外旋擰轉；同時左腿伸直，右腿上抬向右側落步轉體成橫襠步；左手換握乙左腕向內向下扭擰；目視乙方。

乙：左脚向左跨出成左弓步，身體向左側傾斜；右臂向右側斜伸，掌心向後；目視甲方（圖 3－23、圖 3－24）。

要求：甲外旋擰臂力量先要向乙的左側，再向下；用勁意到，勁緩，注意安全。

11. 鎖臂卷腕

甲：身體左轉，右脚向乙兩腿間跨一步，左脚向乙右方上一步成左弓步；右臂伸直向後上方，反臂；左臂伸直前擺，掌心斜向上；

圖3-21

圖3-22

圖3-23

圖3-24

上體前俯，回頭目視乙面部（圖 3－25、圖 3－26、圖 3－27）。

乙：右掌從右側向上、向前、向下按壓在甲左掌背上，緊扣握其掌外側；同時右肘下壓甲左小臂，兩掌用力卷腕（交叉用力），身體右轉，重心前移，屈右膝成右弓步；目視甲右腕。

要求：弓步卷腕時，乙左拳換握甲右掌要向下截腕上抬。

12. 抓頭封喉

甲：右脚向前并步，身體向左轉身；同時右臂屈肘反臂貼於後背上；然後左脚向乙右脚前上步，身體左轉，面對乙方；左臂屈肘由胸前向側平摟，抓乙頸，掌心向左；目視乙頭部。

乙：頭向右側倒，低頭向左側旋轉抬頭；兩手抓握甲右手不放；目視甲（圖 3－28、圖 3－29）。

圖3－25

圖3－26

圖3－27

圖3－28

甲：左掌心向前，虎口朝上，以掌指封捏乙面頰；并以掌根推其下顎至頭後仰；目視乙下顎。

乙：左手鬆握向左後直擺，掌心向前，掌指朝下，目視甲左掌。（圖 3－30、圖3－31）。

要求：轉體、屈肘同時完成，抓頭接封喉要連貫有力，但不能用挫勁。

13. 含胸截腕

乙：左掌按壓甲左手背并向下拉至胸前，同時退右脚下蹲成馬步；鬆右手，收回按於左掌背上，含胸截壓甲左手腕部，使甲右腿跪地；甲、乙對視。（圖 3－32、圖 3－33）。

要求：含胸截腕時要有擰旋內壓之力。

14. 頂腰搬腮

甲：右腿伸直，身體左轉，右脚繞過乙左

圖3-29

圖3-30

圖3-31

圖3-32

腳向乙身後上步，轉向乙左腳隨跟進半步，閃身於乙的左側方，并以右胯頂住乙左腰；同時左臂屈肘向後抱，右掌從下向右、向前搬扣乙下顎向右側後收抱；目視乙腮部。

乙：被迫挺胸向右側偏頭，上體後仰；右手向上按抓甲右手背；左手抓握甲左手，小臂上翻；目視右上方(圖 3－34、圖 3－35)。

要求：頂腰、收抱、搬腮協調一致，同時完成。

15. 退步外拿

乙：身體右轉 180 度；同時上左腳，兩臂上舉，兩手上推；目視甲方。

甲：被迫兩臂上舉，左臂在上；目視乙方。

乙：右手外拿甲右臂，左手換握甲右腕向後拖；同時右腳退步，左腳退步，右腳再退步。

甲：被迫隨乙上左腳，上右腳，再上左腳；左手鬆握於體左側後方，掌心向右；兩人目視手握處(圖 3－36、圖 3－37)。

要求：轉身上步、右手外拿要同時完成。

圖3-33

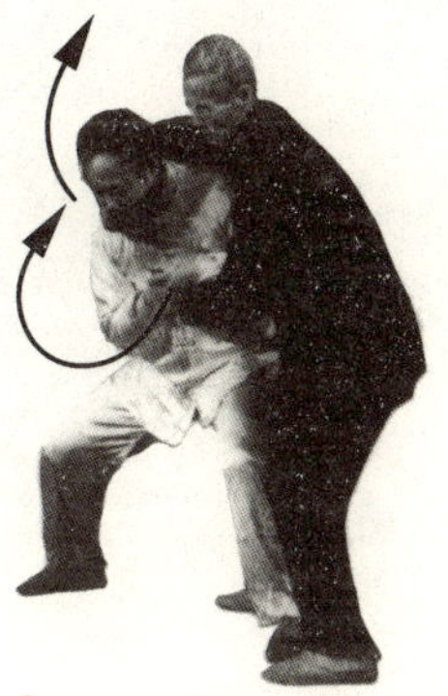

圖3-34

圖3-35

圖3-36

16. 轉身背摔

甲：左掌從後向前擺動，掌心向上抓握乙腕向上抬；同時右腳經左腳前向左上步，向右轉身180度，進肩，拉臂，拱身將乙背起懸空；目視前方。

乙：左掌推離甲背，擺至左側，掌心向下；目視甲頭部（圖3－38、圖3－39、圖3－40、圖3－41）。

17. 點穴按腿

乙：左臂屈肘，以拇指食指猛捏甲命門穴（位於第二、三腰脊椎棘突間）。

甲：被迫腰部放鬆後傾下蹲。

乙：右、左腳順勢落地，屈膝半蹲成左跪步；左掌沿甲身體左側向下滑按其左腿膕窩，并用拇指扣彈委中穴（位於膕窩之正中間）；目視甲頭後面。

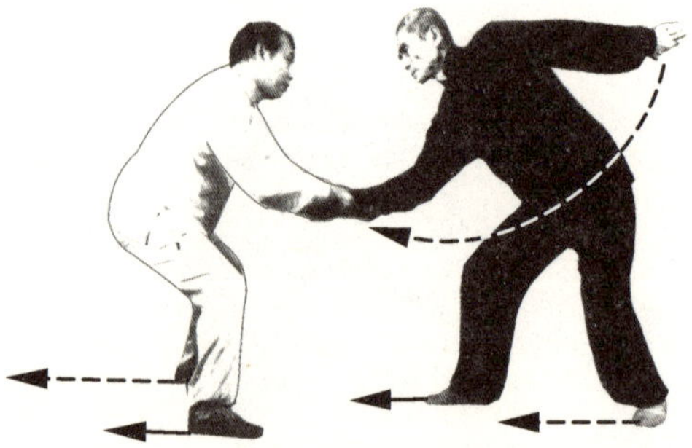

圖3-37

圖3-38

圖3-39

圖3-40

甲：同時上右脚，左腿屈膝下跪；兩手抓握乙右手不放，抬頭；目視上方(圖3－42)。

要求：點穴時動作夸張，意到勁不發。

18. **擰腕撕翅**

甲：上左脚，向右後轉身，面對乙；右腿屈膝成右弓步；同時兩手緊握乙右手腕部向上拉直右臂；左掌抓擰乙右手，旋腕向上、向前卷腕，兩臂推直；目視乙右手腕。

乙：被迫向左轉身，右腿蹬直，左腿屈膝成左弓步；側身向甲，側身反伸右臂；左臂向左側斜伸，掌心向上；回頭目視甲面部。(圖3－43、圖3－44)。

要求：甲在擰腕轉體上推時，要使乙小臂緊貼甲右肩，并拉直其肘關節。

圖3-41

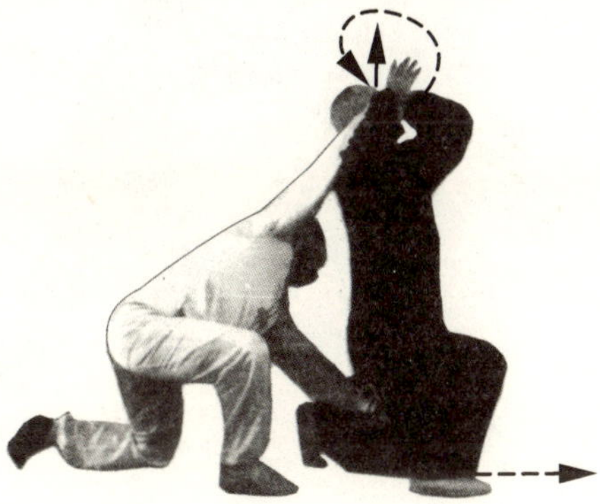

圖3-42

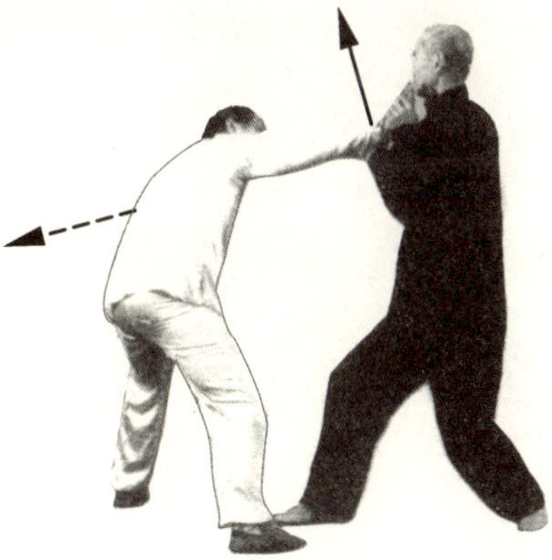

圖3-43

圖3-44

19. **抓頭搓面**

乙：右脚向前并步，向左轉身，背對甲；同時右臂屈肘反臂收貼於背上；左脚向左前方上步屈膝，右腿蹬直成左弓步，左臂屈肘由前向左側平摟抓甲頭部，掌心向左；目視甲頭部。

甲：雙手抓緊乙右手，頭部向右側偏倒低頭，續向左側旋轉至抬頭；目視乙頭部（圖3－45、圖3－46）。

乙：左掌心向前，虎口朝上，五指分開緊貼甲臉部向前、向上推搓，迫使甲頭後仰挺胸左臂推直；目視甲頭部（圖3－47、圖3－48）。

要求：乙轉體屈肘同時完成，抓頭搓面動作要連貫。

圖3-45

圖3-46

圖3-47

圖3-48

20. 含胸斷指

甲：右掌放開乙右手，收至右面頰，掌心向前，虎口朝左，抓緊乙左小指，無名指向前、向下搬撇；同時上體前傾成右弓步，左手換握乙左肘向內向上推托；目視乙肘部。

乙：被迫身體後仰成右跪步，右手向右側下斜擺，掌心朝下；目視甲頭部（圖 3－49、圖 3－50）。

要求：斷指、搬肘和上體前傾要同時完成。

21. 頂腰摳鼻

乙：左臂向外側翻，重心前移，身體左轉，從甲左側向甲身後上步，以右胯頂甲左腰部；同時左臂向後抱，右掌從甲左側繞過甲背部按壓甲前額，并以食指、中指摳入甲鼻孔向上、向後扳；目視甲臉部。

甲：被迫上體後倒，頭後仰，右手抓住乙左手向下壓；左手壓乙上臂；目視乙右手（圖 3－51、圖 3－52）。

圖3-49

圖3-50

圖3-51

圖3-52

要求：抱、搬結合，頂腰與後扳摳鼻要一致。

22. **退步外拿**

甲：右手鬆開換抓乙右手；左手向下推乙左手，頭後仰；目視乙右手（圖 3－53）。

甲：左脚向右前方上步，身體右後轉身 180 度，上體向前；左掌換握乙右手，兩手在體前抓握乙右手外旋；目視乙右手。

乙：左手向體左側後伸平舉，掌心向下、兩腿屈膝；目視甲（圖 3－54）。

要求：甲轉身時，右掌抓握乙右手，要緊按於頭頂上。

甲：兩手抓握乙右手外旋，身體重心下降，後拖三步（退右脚，退左脚，再退右脚）。

乙：身體重心下降，同時上三步（上左脚、上右脚，再上左脚）；然後左掌從後向前，掌心朝下抓握甲右手腕，右掌心朝上，兩手向上抬舉；目視甲右手腕。

甲：左手向左側下方斜伸；目視乙頭部（圖 3－55）。

圖3-53

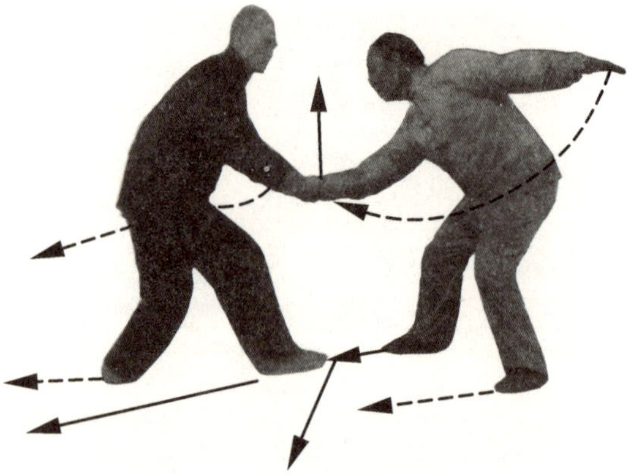

圖3-54

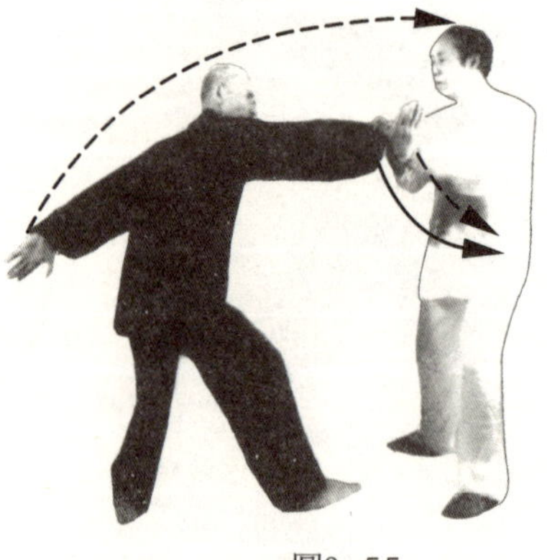

圖3-55

圖3-56

23. **轉身背摔**

乙：右脚向甲右側上步，身體左轉 90 度，背對甲，進肩、拉臂、拱身將甲背起準備前摔；目視前方。

甲：身體順勢前傾，左手從左側下方向上、向前至乙頭頂上方；目視乙頭頂(圖 3－56)。

24. **頂腰抓髮**

甲：左手抓握乙頭髮後拉；同時右胯前頂乙腰部使其身體後仰；左腿蹬直，右腿屈膝成右弓步；目視乙頭部。

乙：右臂屈肘於右側，左掌心向下抓甲右手腕；目視上方(圖 3－57)。

要求：頂腰、抓髮同時完成(如果乙無髮，則可用抹眉、挖目法)。

25. **轉身旋腕**

乙：右掌沿胸前向上抓握甲左掌；同時左掌外推甲右手，退右脚向右後轉身成左弓步，擰旋甲左手腕；目視左下方(圖 3－58、圖 3－59)。

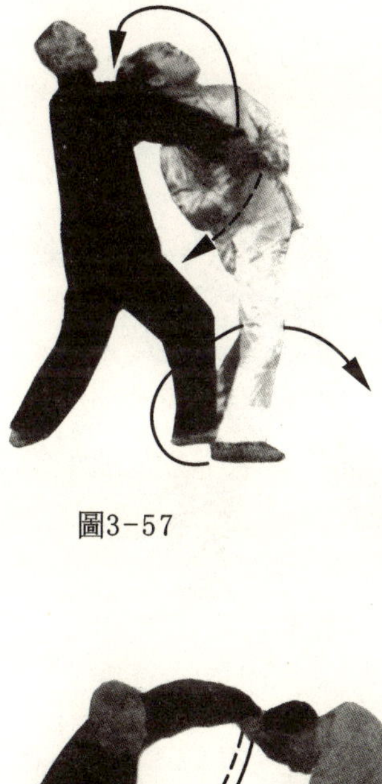

圖3－57

圖3－58

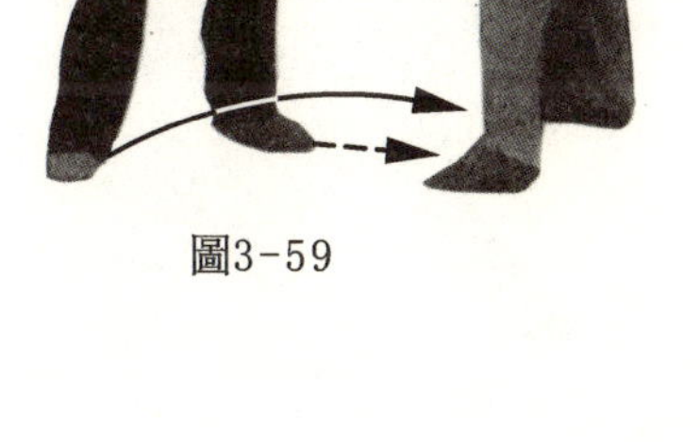

圖3－59

圖3－60

要求：乙抓握甲左腕要按壓，轉身後要頂頭。

26. 轉身衝拳

甲：左脚上一步，左轉身插右脚於乙兩腿間；同時身體左轉 180 度，背對乙；右臂外旋屈肘抱拳，掌心向上；左臂屈肘反臂緊貼左腰；身體再右轉成右弓步；右拳沿乙胸部衝出；目視乙胸部。

乙：兩腿開立，雙手抓握甲左手，身體被迫後仰；目視上方（圖 3－60、圖 3－61、圖 3－62）。

要求：屈臂、轉身、衝拳三動作要連貫。

27. 卷拳托肘

乙：右掌收至喉頸部，掌心向上，抓握甲右拳向上、向前向下卷腕；目視甲。

甲：右臂屈肘前頂乙胸部；目視乙胸部（圖 3－63）。

乙：左掌換握甲右肘部向上推托；右掌抓握甲右手腕，向下搬腕；目視甲肘部。

甲：身體後仰，左臂擺至身體左側，掌心向後；目視乙（圖 3－64）。

圖3-61

圖3-62

圖3-63

圖3-64

28. 抱腰頂肘

甲：左手從身前向右緊抱乙腰部；同時身體前傾成右弓步；右肘前頂乙胸部；目視乙胸。

乙：身體後仰，以左手推甲右肘部；目視上方（圖 3－65）。

要求：抱腰要往裏用力，頂肘要用身體前傾壓力。

29. 拉臂斷肘

乙：右脚後退一步，右轉身成右弓步，右手內旋將甲右臂向下、向右側拉直成反臂；同時左掌變拳用前臂推壓甲右肘；目視甲肘部。

甲：被迫上左脚成左弓步；背對乙，身體前俯；左臂擺向左側，掌心向後；目視乙腰部（圖 3－66）。

30. 錯臂抱摔

甲：左掌從左側屈肘前擺，抓握乙左腕向左下拉；同時上左脚，退右脚，上體上抬；續從乙右側上右脚，跟左脚站立乙身後；右臂順勢從乙身後攔腰將乙兩臂交叠，向上抱起，使乙身體懸空；目視乙（圖 3－67、圖 3－68、圖 3－69）。

要求：拉臂、抱腰要快速有力。

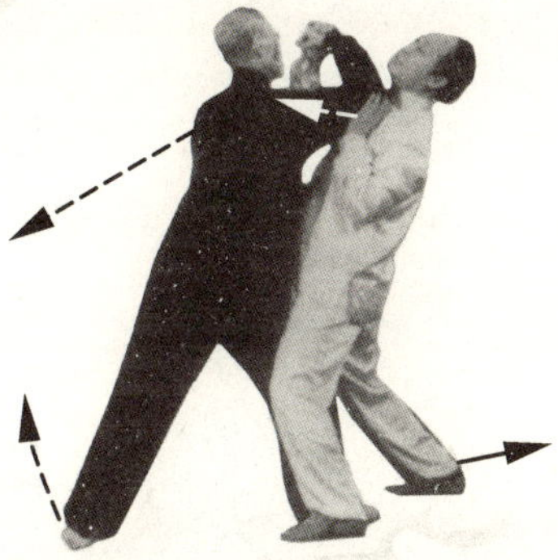

圖3－65

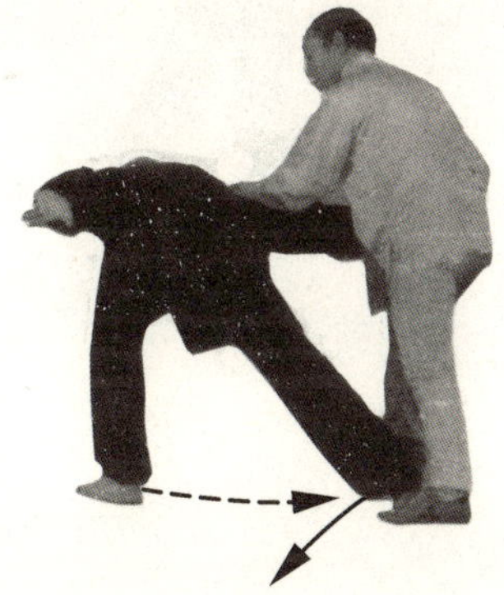

圖3－66

圖3－67

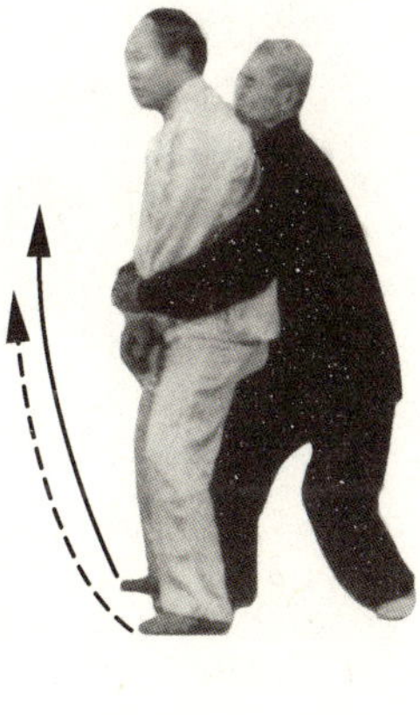

圖3－68

31. 仰撞搬腿

乙：重心下降，兩脚順勢着地，頭後仰撞擊甲面部；目視上方。

甲：頭向後閃躲；目視乙。

乙：順勢下蹲，兩手抱着甲右脚向前向上提拉；同時臀部下坐；目視甲頭部。

甲：被迫後倒兩手扶地；目視乙臀部（圖3－70、圖3－71）。

要求：搬腿、下坐同時進行。

32. 拖腿前蹬

乙：身體前傾，兩手抱着甲右腿向前拖三步（即上右脚、上左脚，再右脚，甲兩手扶地向前移動）；目視前方。

圖3-69

圖3-70

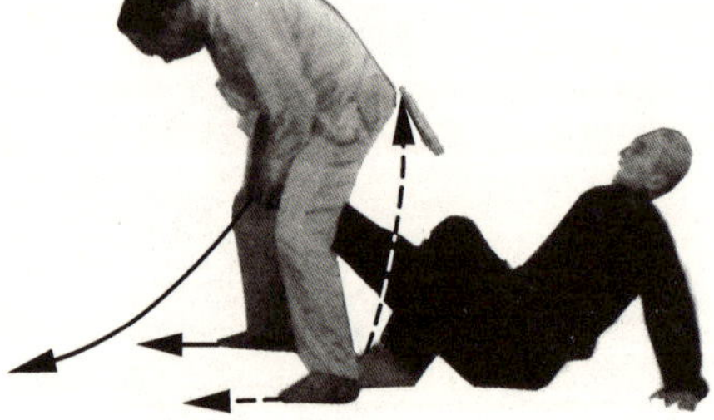

圖3-71

甲：臀部坐地，用左脚蹬踢乙臀部，迫使乙兩手鬆開甲腿前擺；目視乙臀部（圖 3－72）。

要求：乙向前拖甲時，向前直拉。

33. 搶背打挺

乙：右脚蹬地向前騰空躍起，上身卷屈，右肩、背、腰、臀依次着地翻滾成半蹲；目視甲。

甲：同時上體後倒，迅速挺腹，收腹舉腿作鯉魚打挺站立；目視前方（圖 3－73、圖 3－74）。

34. 收勢

（1）弓步架冲拳

甲：身體右轉上右脚成右弓步；兩掌變拳，左拳向左冲出成立拳；右拳繞架於頭右上方；目視乙。

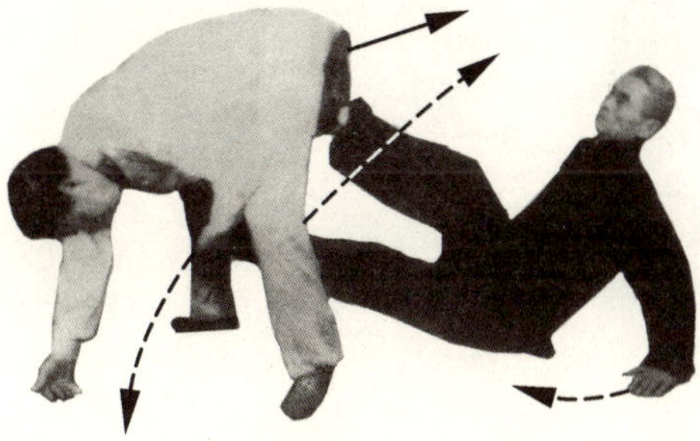

圖3－72

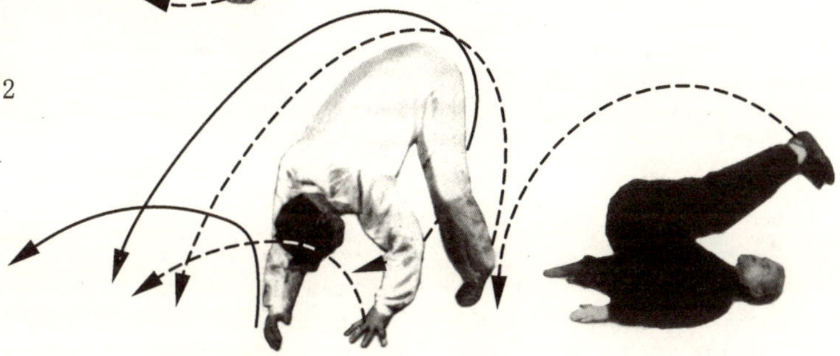

圖3－73

圖3－74

乙:同時身體右轉上右脚成右弓步,兩掌變拳,左拳向左冲出成立拳;右拳繞架於頭右上方;目視甲(圖 3－75)。

(2) 并步平行站立。

甲、乙兩拳變掌,兩臂從上向下落於體前。

甲:身體左轉 90 度,收右脚成立正姿勢;目視前方。

乙:同時身體右轉 90 度,上右脚成立正姿勢與甲平行站立,相距一步;目視前方(圖 3－76)。

要求:同預備勢要求。

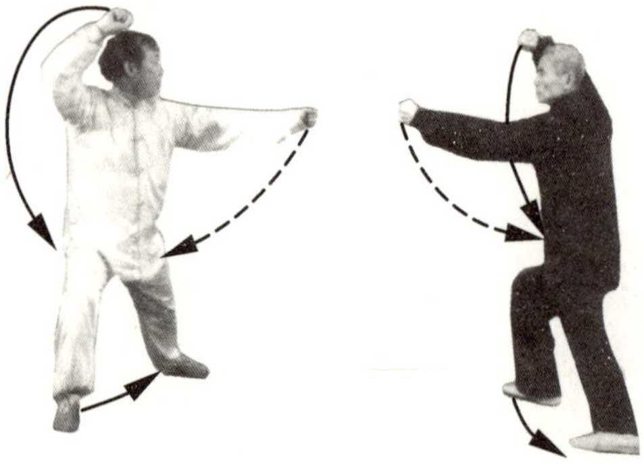

圖3-75

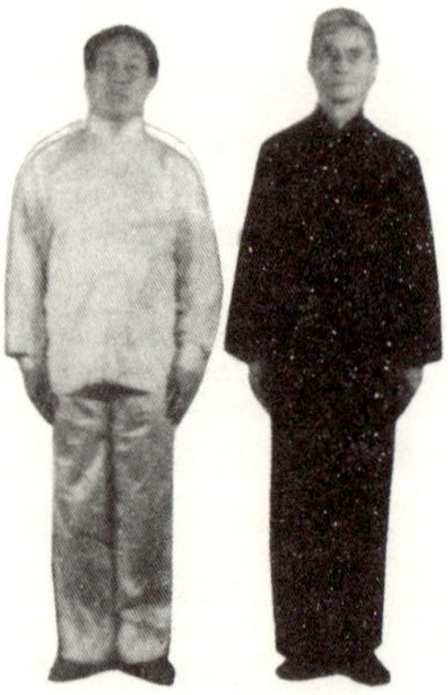

圖3-76